U0736012

徐凯 主编

《弟子规》中的成长智慧

杭州出版社

图书在版编目（CIP）数据

《弟子规》中的成长智慧 / 徐凯主编. —杭州 :杭州
出版社，2018.1（2019.7重印）
ISBN 978-7-5565-0800-6

Ⅰ. ①弟… Ⅱ. ①徐… Ⅲ. ①古汉语—启蒙读物
②《弟子规》—研究 Ⅳ. ①H194.1

中国版本图书馆CIP数据核字（2018）第027582号

Dizigui Zhong de Chengzhang Zhihui

《弟子规》中的成长智慧

徐 凯 主编

责任编辑	蒋晓玉
封面设计	祁睿一
出版发行	杭州出版社（杭州市西湖文化广场32号6楼） 电话：0571-87997719　邮编：310014 网址：www.hzcbs.com
排　　版	杭州立飞图文制作有限公司
印　　刷	三河市华晨印务有限公司
开　　本	880 mm×1230 mm　1/32
印　　张	7
字　　数	200千
版印次	2018年1月第1版　2019年7月第7次印刷
标准书号	ISBN 978-7-5565-0800-6
定　　价	30.00元

《〈弟子规〉中的成长智慧》编写指导委员会

编写人员：（按姓氏笔画为序）

王柳芳　王奋勇　王小伟　朱毅毅

张　丽　徐　萍

主　　编：徐　凯

副 主 编：孔祥秦　杜芦萍　陈再江

前言

　　1988 年，75 位诺贝尔奖获得者在巴黎欢聚一堂。有人问其中一位诺贝尔奖获得者："您在哪所大学、哪个实验室学到了您认为最重要的东西？"这位白发苍苍的学者沉思片刻后答道："在幼儿园。"众人将惊奇的目光投向这位老人。那人继续问道："在幼儿园您学到了什么呢？"老人回答道："学到把自己的东西分一半给小伙伴，不是自己的东西不要拿，用过的东西要放回原处，吃饭前要洗手，午饭后要休息，做错事要表示歉意，要仔细观察大自然。从根上说，我学到的最重要的东西就这些。"老人的话赢得了大家热烈的掌声。

　　也许这位长者的答案出乎很多人的意料，但事实上，恰恰就是在幼儿园里学到的那些看似简单的为人处世的基本道理和规矩，虽并不高深，却让我们终生受益。

　　有着"人生第一步，天下第一规"之称的《弟子规》，作为清代的一本启蒙读物，阐述的就是蒙童为人处世时应该遵守的最基本的道理和规矩。《弟子规》一书不仅在清代广为流传，即使到了 21 世纪的今天，从幼儿园小朋友、中小学生，以至大学生、社会各界人士，都把它作为整个社会伦理道德、行为规范的一个范本，加以推崇。

《弟子规》原名《训蒙文》，是生活在清康熙、乾隆年间的李毓秀所著。李毓秀为山西绛州人，平生只考中秀才，没有特别显赫的科举仕宦经历，精研《大学》《中庸》等儒家经典，创办了敦复斋，教书育人。李毓秀是一位出色的老师，积累了丰富的教学经验。根据传统蒙学对童蒙的要求，结合自己的教学实践，李毓秀对朱熹的《童蒙须知》进行改编而写成了《训蒙文》。

《童蒙须知》是专门教导儿童日常生活细节的一本启蒙读物，此书在当时的影响较大，但不太好懂易记，没有很好地流传开来。而《训蒙文》全文360句，共1080字，针对蒙童的特点，以浅近通俗的文字、三字韵的形式写成，读来朗朗上口，好懂易记，便于践行，一经问世就深受儿童的喜爱。再加上全文灌输的是儒家文化的精髓，是儒家的伦理道德和人们日常行为规范的总结，因而也受到了统治阶层的提倡。所以，《训蒙文》成为清代的蒙学教材，清政府曾明令将此书列为州县私塾、义塾的必读课本。李毓秀也因为撰写《训蒙文》，百年后被供奉于山西绛州先贤祠。后来清朝学者贾存仁又对《训蒙文》进行修订改编，改名为《弟子规》。清人周保璋在《童蒙记诵编》中说："近李氏《弟子规》咸行，而此书（指《三字经》）几废。"由此可见，《弟子规》在清代的影响是非常大的。

《弟子规》全书贯穿着孔子的儒家思想。总叙首句即为"弟子规，圣人训"，点明了该书出自孔子的学说。接下来的内容是根据《论语·学而》中的"弟子入则孝，出则弟，谨而信，泛爱众，而亲仁。行有余力，则以学文"为中心展开的，带有非常明显的儒家伦理道德规范的痕迹。《弟子规》特别讲求家庭教育和生活教育，指导"弟子"如何为人处世。它要求我们从日常生活中的伦常做起，也就是在家孝敬父母，外出尊敬师长，再从家庭推及学校、社会，详细列述弟子待人接物与学习上应该恪守的行为规则，是儒家文化精髓在生活中的具体体现，其核心内容是修己爱人，以追求人与人、人与社会、人与自然的和谐。也正因为其易落到实处的作用和重社会和谐的功能，被誉为"开蒙养正最上乘"读物。

《弟子规》作为一部启蒙读物，一般人会认为应该是小孩子学的。其实这个"弟子"不单指小孩，它的范畴是很大的，既可以指小孩子，也可以指社会上的每一个人。现代社会是一个学习型社会，活到老，学到老，人人都是学生，都是"弟子"。况且孔子的学生都已长大成人，甚至成贤成圣，也称"弟子"。"规"就是规矩、规范，是每个人都应该遵守的一些规则。俗话说，没有规矩不成方圆，《弟子规》就告诉了我们很多应该遵守的做人做事的规矩，以涵养我们的道德品质，从而获得幸福的人生。

中国传统蒙学数量大、内容丰富，其中最著名的经典被称为"三、百、千"，即《三字经》《百家姓》《千字文》。《弟子规》和这三部经典一样，承担着弘扬儒家道德伦理价值的教育功用。《三字经》偏重识字、历史、天文、地理等知识性教育，便于孩子了解古代文化常识、天文地理及历史故事，故有"熟读《三字经》，可知千古事"一说。 1990年，《三字经》的英译本被联合国教科文组织选编入《世界儿童道德丛书》，向世界各地儿童推介学习，成为全人类共同的文化遗产。《百家姓》则是对于中国姓氏文化的传承，可以说是一本专讲姓氏的儿童识字启蒙读物。《千字文》对于快速提高识字量、储备文学素养大有裨益。由于这本书中的

"千字"是从王羲之书法作品中选取的 1000 个不同的汉字，所以《千字文》也是历代学书者的重要临本。明代思想家吕坤说："初入社学，八岁以下者，先读《三字经》以习见闻，读《百家姓》以便日用，读《千字文》以明义理。"与这些侧重于知识、识字、练字等方面对少儿启蒙培养不同，《弟子规》不重文采，不重典故，不重知识面的大而全，它更侧重修身正心的德行教育，以圣贤之道来指导我们的生活，教育孩子们长大后如何成为一个合格的人。《弟子规》记录的是生活中的言行举止等小事，却蕴含着做人做事的大智慧，是我们立身处世的智慧结晶。

2009 年，习近平同志在中央党校提出："领导干部要爱读书，读好书，善读书。"他还特别强调："要通过研读优秀传统文化书籍，吸收前人在修身处事、治国理政等方面的智慧和经验，养浩然之气，塑高尚人格，不断提高人文素养和精神境界。"的确，传统文化精髓的继承和发扬是我们实现中国梦的思想基础和精神纽带。

参与本书编写的有：台州学院的徐凯（总叙，第一章）、叶娇（第二章），仙居县安洲中学的杜芦萍、张丽（第三章），仙居县白塔中学的孔祥秦、王柳芳、王奋勇、朱毅毅（第四章），天台实验中学的陈再江、王小伟、天台县平桥镇中的徐萍（第五章）。由于时间仓促，水平有限，书中难免存在一些不足，欢迎读者批评指正，以便进一步修改完善。

目录

忌

叙

总　叙

【原文】弟子规，圣人训，首孝弟，次谨信。

泛爱众，而亲仁，有余力，则学文。

【译文】《弟子规》这本书，是依据至圣先师孔子的教诲而编成的。要做到孝顺父母、友爱兄弟姐妹，日常言行要谨慎、守信，博爱大众，亲近有仁德的人，做完这些之后，若有余力，就应该再好好地学习文化。

　　古人云："百善孝为先。"孝悌是中国文化的基础。每个人的活动总是从最基本的单位——家庭开始的，父母、兄弟与我们有着与生俱来的血缘关系，是属于自身之外的最亲密世界。孝敬父母，敬爱兄长，是人类最基本的感情，是一切爱的基础。很难想象，一个连父母的养育之恩都不懂得报答的人，他又如何能去爱他人、爱社会、爱国家呢？所以孔子非常重视孝悌，认为孝悌是做人、做学问的根本。

一个孝悌之人，先从爱自己的父母开始，然后把对父母的爱心延伸开来，去爱兄弟、姐妹、亲戚，再扩展到朋友、同事、老师、领导、社会大众以及宇宙万物，这样，社会就能和谐，文明才能进步。所以，孝悌之人在为人处世上不仅考虑个人的感受与需求，而且考虑家庭、家族甚至社会的感受与需求，这样才会让他更加注重正己，谨言慎行，以信为本，以爱为要，见贤思齐。孝也从家庭伦理上升到社会伦理，从侍奉顺从父母升华到尽心竭力治国安邦。所以孝悌不仅仅是个人的修养，也是一种社会的需要。当有了这些基本的道德修养后，为了让自己能更进一步地提高，就必须好好地读书学习，因为书中包含着古圣先贤为人处世的无尽智慧。

曾国藩（1811—1872），因其在政治、军事、文学等方面的贡献，被誉为"晚清第一名臣""官场楷模""千古完人"。他是代表统治阶级的政治家，人们对他的评价会由于立场的不同而褒贬不一，但他在家庭教育方面取得的成绩却是举世公认的。收录了近1500封书信的《曾国藩家书》，展现的就是他的修身、治家、建业、处世等家庭教育观念。

曾国藩治家教子的秘诀归结起来就是"八本、三致祥"。其中"八本"中强调"事亲以得欢心为本"，而"三致祥"则为"孝致祥、勤致祥、恕致祥"。曾国藩曾说："读尽天下书，无非一个孝字。"他认为子女孝顺父母，首先不能做有损父母脸面的事，"做人有规矩，办事有条理"，要让别人佩服子女的所作所为，让父母以子女为荣。如果一个人做了让父母抬不起头的事，父母不开心，即使子女天天在身边美酒美食侍奉着，那也不能称之为孝。曾国藩因在外求学为官，常年不能回家，所以常常写信回家禀告自己的现状，他还常常嘱托兄弟子侄也要多写信回家，以使父母放心。每遇什么事情没做好，或者兄弟子侄在道德、学业上存在着什么不足，便常常以不孝而自责。由此可见，孝在曾国藩心目中的地位。也正是曾国藩侍奉父母"以得欢心为本"，故整个曾家家族和睦，父慈子孝，为世人所称道。

曾国藩兄弟五人，作为家中长子，他将孝敬父母、兄弟和睦与勤俭持家并列为家运兴旺的重要前提。《曾国藩家书》中，一般人以为写给孩子的信最多，可事实上他写给弟弟的信占到一半以上，可见他对兄弟之间关系的重视。曾国藩曾将官宦之家、商贾之家、耕读之家、孝友之家进行了比较，他认为天下官宦之家，其福禄一般只传一代就用完了，因为大多是纨绔子弟；商贾之家，勤劳俭朴者才可传三到四代；耕读之家，谨慎朴实的一般可兴旺五至六代；而孝友之家，就是讲究孝悌、以和治家的，往往可以绵延十代八代。由此可见，孝悌在家庭教育中的地位。

曾国藩能取得极高的成就，为世人所称道，也与他的谨慎的作风有着莫大的关系。他说："慎言谨行，是修己第一事。"告诫自己不说大话、空话、假话，有一说一，实实在在。曾国藩一生为官，但又事事谨慎、处处谦卑，时常感到"如临深渊，如履薄冰"。他还提倡"花未开时月未圆"的观点，时刻提醒自己物极必反的道理，地位越高，越要谨慎行事。曾国藩说自己一生有三畏：畏天命、畏人言、畏君父。"畏"和"谨"是相通的，只有常存敬畏之心，才更懂得检点、谦恭，自命不凡的骄狂言行往往容易招致灾祸。道光二十五年（1845），曾国藩连升两级，但他在给弟弟的家书中如是写道："这次升官，实在是出乎我的意料。我日夜诚惶诚恐，自我反省，实在是无德足以承受。你们远隔数千里之外，一定要匡正我的过失，时时寄信来指出我的不足，务必使世代积累下的阴德不在我这里堕落。这样才可以持盈保泰，不会马上颠覆。你们如果能常常指出我的缺点，就是我的良师益友了。弟弟们也应当常存敬畏之心，不要以为家里有人做官，就敢欺负别人；不要以为自己有点学问，就敢恃才傲物。要常存敬畏之心，才是惜福之道啊。"一般人对于连升两级可能会得意忘形，但曾国藩却诚惶诚恐，并让弟弟们时刻提醒自己的过失和不足，以防自己犯错误。常存敬畏之心，处处谨慎，也正是曾国藩能够在官场上有惊无险地度过一次次劫难的一大秘诀。曾国藩见过了太多官场中的尔虞我诈、翻云覆雨，对此他深恶痛绝。他教导弟弟要讲诚信，千万不要投机取巧，与人交往要"尚诚尚拙"，开诚布公，坦然相对，这样既能赢得他人的信任，也能得到他人的尊重。

曾国藩还教育子女要仁义待人，认为"亲戚交往宜重情轻物"。他要求子女"守先人耕读家风，不要有半点官气，不许坐轿，不许唤人添茶"。不许子女斥骂仆佣，不许轻慢邻居，不许仗势欺人，要以仁待人。在他的遗嘱《诫子书》中，曾国藩强调："讲究仁爱就能使人心悦诚服。我和普通老百姓相比，生命生生不息的意义都是相同的。假如我只知道自私自利而不知道对老百姓讲究仁爱，对事物加倍爱惜，那么就是违背甚至抛弃了生命生生不息的意义。"他还曾直接引用《论语》中的"泛爱众，而亲仁"告诫自己的弟弟们，要亲近贤人。他告诫晚辈："伤化毁俗者，虽亲虽贵，必疏而远之。清公贞修者，虽微虽贱，必亲而近之。"对伤风败俗的人，即使是亲友、显贵也一定要疏远他；对清正贞洁的人，即使出身卑贱也一定要亲近他。因为他相信"善恶之习，朝夕渐染，易以移人"，即好习气和坏习气，在朝夕相处之间会逐渐发生影响和转化，很容易改变一个人。环境对一个人的影响太大了，所以每个人都要亲近仁者，远离小人。

曾国藩被称为一代大儒，与他一生好读书有关。其实，曾国藩小时候的天赋并不高。一天晚上，他翻来覆去地背着同一篇文章，一直到深夜，可还是没记住。此时，早早趴在房梁上的小偷实在受不了了，他从房梁上跳了下来，对曾国藩说："这种水平还读什么书！"然后将那篇文章背了一遍，扬长而去。这让曾国藩深受触动，于是更加刻苦治学，奋发图强。

曾国藩认为通过读书可以修身养性，从而使道德达到尽善尽美的境界；通过读书可以提升学识，获取专长，从而可以在社会上求得生存之道。此外，曾国藩认为孝悌之道与读书是有着极大关系的。对于当时社会上存在的读书只为考取功名的行为，曾国藩嗤之以鼻。他在给弟弟的家信中写道："在家庭日用之间，于孝悌二字上，尽一分，便是一分学，尽十分，便是十分学。"这正是继承了孔子"夫孝，德之本也，教之所由生也"的思想。教育就是从孝开始的。

凭着高超的学识造诣和道德修养，曾国藩赢得了"道德文章冠冕一代"的称誉，并成为中国封建社会最后一尊精神偶像。曾氏家族，历经百年而不衰，人才济济，出现了曾纪泽、曾广铨、曾纪鸿、曾广钧、曾昭抡、曾宪植、曾约农、曾宝荪等一大批著名的外交家、科学家、教育家和国家高级干部，很大程度上是受益于曾国藩为他们提供的一套切实可行的修身、治家、建业、处世的良方。人们对曾国藩的政治立场和思想体系争议颇大，但他教子获得的成功却是一个不争的事实，无法抹杀，值得借鉴。难怪毛泽东在早年曾说过："吾于近人，独服曾文正。"

《弟子规》的思想内容就是围绕孝悌、谨信、仁爱、学文四个方面展开的。第一部分为"入则孝，出则弟"，主要讲亲尊敬长的规范。如"冬则温，夏则清；晨则省，昏则定""物虽小，勿私藏；苟私藏，亲心伤""兄道友，弟道恭；兄弟睦，孝在中"等，就是教育弟子要注重亲情，尊重他人，维护家庭的和睦，在尽孝道中培养人的德行。第二部分"谨而信"，都是些小而实的行为规范。如"冠必正，纽必结；袜与履，俱紧切""年方少，勿饮酒；饮酒醉，最为丑""斗闹场，绝勿近；邪僻事，绝勿问"等，讲述的是在起居、饮食、卫生、步姿、坐姿、站相、衣冠服饰等方面严谨的行为作风；而"凡出言，信为先；诈与妄，奚可焉""见未真，勿轻言；知未的，勿轻传；事非宜，勿轻诺"等，则是恪守诚信、明辨是非等品格修养。第三部分"泛爱众，而亲仁"，是讲爱人、识人，勉励弟子要努力践行，成为仁人君子。如"凡是人，皆须爱；天同覆，地同载""人有短，切莫揭；人有私，切莫说""恩欲报，怨欲忘；报怨短，报恩长""能亲仁，无限好；德日进，过日少"等，讲的是仁爱这些最基本的儒学核心思想。第四部分"行有余力，则以学文"，讲的是知行合一，将学问与道德合二为一。如"不力行，但学文；长浮华，成何人""但力行，不学文；任己见，昧理真""非圣书，屏勿视；蔽聪明，坏心志"等，论述了学习和道德修养对人格形成的重要性，以及如何学习、学习的内容及目标等要义。

　　虽然，《弟子规》中的某些内容及思想意识带有那个时代的局限，如"不关己，莫闲管"，这类"事不关己高高挂起"的明哲保身哲学已不合时宜；"丧三年，常悲咽；居处变，酒肉绝""骑下马，乘下车，过犹待，百步余"等做法现在也很难去执行了。但是，《弟子规》从孝悌、谨信、仁爱和学文四个方面对我们做人做事的原则和要求作了全面、细致且富有哲理的规范与告诫。时至今天，它仍然是启蒙养正、防邪存诚、养成人格和淳厚家风的上佳读物。

第一章　孝悌

一

【原文】父母呼，应勿缓，父母命，行勿懒。

【译文】父母呼唤，回应要及时，不能够迟缓。父母有事交代，要立刻动身去做，不可拖延或推辞偷懒。

　　明朝有个叫杨黼（fǔ）的人，是个虔诚的佛教徒。他十分敬慕四川一个叫无际大师的人，便去拜访他，想跟他学佛。半路上遇到一个老和尚，老和尚问他到哪里去，杨黼说："我要去拜访无际大师。"老和尚说："你要去拜访无际？那不如去见活佛呀！"杨黼说："活佛在哪里？"和尚说："你转回身，一直向东走，若是看见一个披着棉被、倒穿拖鞋的人，就是活佛了。"杨黼便回转身往来路走，一直到深夜，都快回到家了，还是没见到活佛。杨黼心里很沮丧，只好伸手去敲自家的门。屋里正睡着的母亲一听到儿子回来了，高兴得一骨碌爬起来，连外套也顾不上穿，随手抓起一床棉被披在身上，又因为匆忙，倒穿着拖鞋，跑出来为儿子开门。杨黼一见母亲的模样，顿时大悟，原来活佛就是这家中的老母。从此，他自是尽力孝敬母亲，并因校注了一部《孝经》而闻名。

我们来自哪里？"身体发肤，受之父母。"生我者，父母；养我者，父母。从我们呱呱落地那一刻始，即与父母朝夕生活在一起，感受着父母如阳光雨露般的慈爱。父母为子女的成长倾注了全部的心血，为了儿女，他们甘受千辛万苦，付出所有。父母就是呵护我们长大，教会我们做人、做事，为我们奉献一切的天使，正如我们生命中的活佛一般。也正是因为父母对儿女这份无私的爱，所以儿女从小就对父母有一种依恋、亲昵的情感。长大懂事以后，就想着要回报父母的养育之恩，这就是孝。孝是人类与生俱来的最美好情感。《说文解字》中说："孝，善事父母者。从老省，从子，子承老也。""孝"字是个意蕴丰富的会意字。上半部分是"老"，代表年老的父母，下半部分是"子"，代表子女。"老"在上，"子"在下，既意味着做子女的本该顺承父母，又意味着父母老了以后行动不便时"子"要背着"老"，其中充满着感恩、报恩、关怀之意。孝，是自然而然的亲情流露；孝，就是子女善待父母长辈。孝道观念是中国文化的重要组成部分。

孝是一切德行的根本，孝悌之道是每个人最早需要做的。子女尽孝，从哪里入手？其实最高深的道往往就在于平常的日用当中，就是从生活中的小事慢慢去做、去落实，然后从这些小事中去感悟其中的道理。

"父母呼，应勿缓"，看似生活中极其细微的小事，其实是在培养孩子建立一种良好的习惯。每个人在生活中都要处理各种各样的人际关系，父子、亲友、同学、同事，等等，你必须和大家建立一个良性的互动关系，才能在生活中游刃有余。你想让别人对你的请求能够迅速做出反应，其实很大程度上取决于平时你对他人的请求能做出及时的反应。人心都是相互的，如果平时你能配合别人，别人就会感觉心情愉悦，那么，当你有所需求时，别人就会感念你的态度，对你的配合也会欣然而至。与最亲近的家人的及时互动就是一种良好习惯的开始。

孔子的得意弟子曾子，以孝著称，少年时因家中贫困，经常上山打柴。一天，家里来了客人，母亲不知所措，就用牙咬自己的手指。曾参忽然觉得心很疼，便知道母亲在呼唤自己，于是背着柴迅速返回家中，跪下来问缘故。母亲说："有客人忽然到来，我咬手指让你知道。"曾参于是接见客人，以礼相待。母子同心，很多时候不用言语，也许只是一个眼神、一个动作，做子女的就会迅速做出回应，这就是孝。当"父母呼"时，必是父母有所需要或者教诲，"应勿缓"则是有孝心、恭敬心的一种体现。假如父母叫我们，我们拖拖拉拉，甚至毫不理会，那就没有了孝心、恭敬心。孝敬孝敬，孝为行，敬为心，真正的"孝"是以"敬"为前提的。子游问什么是孝，孔子说："现在所谓的孝，只是说能够赡养父母便足够了。然而，就是犬马都能够得到饲养。如果心无敬意，那么赡养父母与饲养犬马又有什么区别呢？"所以说，孝的深层是内心情感上的敬，"应勿缓"就是一种孝敬。

"父母命，行勿懒"是指父母有事交代，一定不要找借口拖延，我们要马上动身去做，不能偷懒。拖延是一种有害的行为习惯，因为拖延容易让人变得松懈、怠惰，将人所有的希望和热情都消磨殆尽。有些人对于朋友、同事、领导交代的事，会马上去执行，而对家人交代的事却常常一拖再拖。为什么对朋友、同事、领导不敢失信，而对父母却失信了？因为怕跟朋友、同事、领导的关系搞坏了，会损害到自己的利益，所以对他们不敢怠慢；而父母对子女总是不会计较也无利害关系，所以做子女的内心就不恭敬了，总是找种种理由和借口，这其实就是对父母最大的不孝。父母让我们做事，我们也要很迅速地去执行。推而广之，"老师命""朋友命""同事命""领导命"我们都能"行勿懒"，那么这个人的人缘一定不会差，别人也一定会高看他一眼。

对父母尽孝，不能好高骛远，要先从言语态度的恭敬做起，从生活中的小事做起，做在当下。

二

【原文】父母教，须敬听，父母责，须顺承。

【译文】父母的教导，应恭敬地聆听；父母的责备训诫，应虚心接受，不能强词夺理甚至顶撞父母。

　　孝敬父母最难的是什么？孔子认为是"色难"，就是给父母一个好脸色。在我们的成长过程中，父母总是不厌其烦地教导、训诫甚至责骂我们，所谓"爱之深，责之切"，而为人子女者，却很少能体会父母这份至深至爱之心，也很少能用虔敬之心去倾听。有些子女犯了错，不但不能接受父母的教诲，反而嫌父母啰嗦，跟父母顶嘴，让父母伤心至极。这是大不孝。

　　清朝康熙年间史洁珵的《德育古鉴》中，有个故事十分有趣。明朝有一个叫俞麟的人，是太原的诸生（考取秀才后入学的生员）。很多读书人一起参加了文昌社（文昌帝君是中国民间和道教尊奉的掌管士人功名禄位之神，亦称文昌星），广做善事，积功累德。同社中有位叫王用予的人，为人厚道稳重，平时非常虔诚地敬奉着文昌帝君。一天，王用予梦见自己觐见帝君，帝君谆谆教导他，并告诉他将来必能高中。王用予又问起俞麟的将来，帝君说："俞麟本应得一功名，但因为他侍奉父母用腹诽法，而且评论别人很尖刻，不近情理，又虚伪地以君子长者自居，所以去掉了他的功名。"用予说："什么是腹诽？"帝君说："他父母凡有语言举动，俞麟心里不以为然，但表面不露声色，敷衍随顺。真性逐渐稀薄，用虚伪之心与父母相处，是把亲人当作路人一样了！德行虚假而窃取不当有的名声，最易触怒神明。"俞麟果然终生没有考取功名。

俞麟在侍奉父母的时候，为了博取孝顺的好名声，表面上非常恭敬并顺承父母的一言一行，但在内心却腹诽不已，毫无恭敬之心。这种虚假的行为是一种表面功夫，但最终还是让他得到了应有的惩罚。孝敬父母难就难在那一颗恭敬之心。

父母比我们年长很多，经过的事多，走过的路多，接受的历练多，对这个世界的认识也就深刻得多。俗话说得好："不听老人言，吃亏在眼前。"所以对于"父母教"，要用恭敬之心去听受，这样才能避免走弯路。父母总是希望儿女好，说得对要好好听，即使说得不对，也得听，不仅要恭恭敬敬地听，还"须顺承"，也就是要我们注意态度以及沟通的方式方法。即使是父母说错了，我们心里明白，但也不必跟父母顶嘴，有则改之，无则加勉。然后，等机会合适了，再与父母沟通。这就是《弟子规》后文所说的："亲有过，谏使更。怡吾色，柔吾声。"指出父母的不是，态度一定要诚恳。父母是最不会与我们计较的，即使我们态度恶劣，过几天也就忘了，但不要因为不计较而顶撞甚至教训他们。孝顺、孝顺，不仅要孝，更要顺，对父母的"顺承"其实也是在培养我们的谦逊的品德。推而广之，老师、同事、领导对我们哪怕是提一点点意见或建议，即便是责备与批评，我们都应该恭敬地去聆听，这样才会养成自己虚怀若谷的品格。

有这么一个故事，讲的是一个女孩和妈妈吵架了，妈妈责骂了她，她就离家出走了。女孩漫无目的地在大街上溜达了一天，不知该到哪里去。因为身上没带钱，没有吃饭，又累又饿。走着走着，来到街边一个卖面条的小摊边。她眼巴巴地看着热气腾腾的面条，不禁口水直流，可是又没有钱买，就在那小摊边徘徊着，久久不愿离去。老板很慈祥，也很有爱心，看出了这个女孩的心思，就问她："你是不是饿了？来吧，我请你吃一碗面。"女孩接过老板端给她的那碗面条就大口大口地吃起来，心里觉得这是她这辈子吃过的最好吃的面条了。吃完以后老板就问她："你怎么一个人出来？妈妈呢？"女孩忍不住泪如泉涌，哭着对老板说："谢谢老板，给我一碗这么好吃的面。我跟妈妈吵了一架，就跑了出来，幸亏遇到你这么好心的人，哪里像我的妈妈那么绝情！"没想到老板听了女孩的话后，马上纠正她说："你不可以这样讲话，你想想，你只是吃了我一碗面就已经这样感恩，你妈妈从小把你养大，给你做了多少碗面条，烧了多少顿饭，你是否应该感谢她呢？"一语惊醒梦中人，女孩一下子醒悟过来。是啊，一个萍水相逢的人只给了我一碗面，就感觉好像欠了人家好多，心中就想着以后怎么样去报答，可妈妈给我煮了无数碗面条，而且天天给我做饭，我却没有一点感觉，看来，我真的错了，我一定要回家给妈妈道歉，再也不让妈妈伤心了。所以，对于父母的责备，千万不要积怨在心，否则就是不孝。

孝敬父母不是简单的一句"爸爸，妈妈，我爱您"，也不是单纯的一朵康乃馨或一个礼物，对父母的态度，那份发自内心的恭敬心，比那些有形的东西更有用。怀着一颗感恩的心，心存敬意，去聆听父母的教诲，并注意沟通的方式方法，让他们在精神上得到慰藉和愉悦，这才是真正的孝。

三

【原文】冬则温，夏则凊，晨则省，昏则定。

出必告，反必面，居有常，业无变。

【译文】冬天要让父母温暖，夏天要让父母凉爽。早晨起床要向父母请安，晚上回家要向父母报平安。外出离家，须告诉父母到哪里去，回家后还要当面禀报父母，让父母安心。居住的地方要稳定，生活有规律，所从事的职业也不要随意变动。

"人之行，莫大于孝"（《孝经》），人的行为，最重要的莫过于孝顺。我们大多数人都有孝心，也知道努力尽孝，但我们对该如何尽孝却存在着认识上的差异。有人认为，要尽孝，就是要出人头地、功成名就；有人认为，要尽孝，就要让父母吃山珍海味，住豪华别墅，开百万豪车，游世界各地。其实，孝顺父母是"论心不论迹"的，孝顺的方法有很多，可以是一个电话、一句问候、一个拥抱，甚至仅仅是一个微笑，父母就感到非常满足了，因为他们对孩子的要求本来就不多。孝顺父母，就是从日常的生活细节开始，从关心父母的起居开始。也许一句"爸爸，天气凉了，记得多穿件衣服，别冻着了"，或是"妈妈，天气热了，该开空调了，别舍不得"，也许父母心中就会感到温暖不已；也许"哪怕帮妈妈刷刷筷子洗洗碗，哪怕给爸爸捶捶后背揉揉肩"，"生活的烦恼跟妈妈说说，工作的事情向爸爸谈谈"（《常回家看看》歌词），这些在子女眼里根本无关紧要的细节，却会让父母感到无比的满足和幸福。

号称"天下无双"的黄香九岁时，根本就没有能力在物质上让父母享受锦衣玉食，但是他懂得冬天帮父亲暖被窝，夏天为父亲扇凉席子，让父亲能够睡得安心，这就是孝顺。现今科技先进了，物质生活富裕了，电热毯、电风扇、空调也都普及了，我们再也不用像黄香那样"扇枕温衾"了，但是他的这种行为所包含的意味却值得我们学习。一般是父母为孩子"扇枕温衾"，父母为孩子的成长奔波劳碌，付出很多，黄香正是体会到了父母的那份爱，感受到了父母的不易，然后以自己的爱，去报答父母，去温暖父母。黄香对父母的爱的表达方式是那样的平常，就像为父母盛碗饭、削个苹果、倒个洗脚水一样，每个人都可以做到，却会让父母感到无比快乐。体会到身边的温暖，并用自己的温暖去回馈社会，人世间则会有更多的脉脉温情。

孝顺父母要用心体贴，不要让父母为你担心。早上起床，先问候一声父母，出门也要和父母打声招呼，这是最基本的礼仪。现在的社会环境很复杂，治安也没有以前那样好，去哪里一定要向父母说明白，以方便父母找你。尤其是学生，没有父母的许可或陪伴，千万不要擅自和小朋友一起去河里游泳。一天在外的学习或工作结束回家后，要向父母报声平安，以使父母放心。子女长大以后也许会到外面求学，也许不能和父母居住在一起，要记得常打个电话回家，告诉父母你的近况。节假日要常回家看看，不要让父母见不到你的踪影。俗话说："儿行千里母担忧。"惦记儿女是父母的一种天性。无论我们到哪里，在做什么，都要心里想着父母。在外工作了，居住的地方要让父母知道，不要经常搬家，以免父母觉得你漂泊不定、居无定所，为你担心。日常的生活也要有规律，按时吃饭，少熬夜，要懂得爱护自己、照顾自己。身体健康，才能更好地工作，才能让父母安心。对自己从事的事业要有所规划，不要三天两头换工作，以免父母操心。只有做到让父母"内安其心"，才算是真正的孝道。

李皋（733—792），字子兰，唐朝皇室宗亲，曾任多地节度使。李皋侍奉母亲恭敬体贴，因孝顺而闻名。他多智谋，善处事。任温州知州期间，因农业歉收，李皋准备用官仓的几十万斛官米来救济灾民，但官府属员不敢奉行，叩头请求李皋等候皇上的旨意。李皋说："一个人一天不吃两顿就会死的，哪里有时间上报！如果牺牲我一人，能救活数千人的性命，那就太好了！"于是开仓放粮，并以擅自开仓放粮的罪责请求皇帝处罚。皇上知道以后不但不怪罪他，反而对他的做法大加赞赏。李皋做衡州刺史时，政治清明，颇受当地的人称誉。但是因小事违犯了法度，不得不接受审讯。起初，李皋的案件被御史审查时，李皋唯恐母亲担忧，每次被提审，都是从府中出来以后才换上囚服，审讯完毕仍旧换好官服才回家，言谈笑貌一如平日。由于李皋对这件事处理得当，母亲竟一无所知。后来被贬到潮州，李皋不敢把实情告诉母亲，说是被朝廷重用升迁了，母亲听后还十分高兴。后来等到杨炎当了宰相，他清楚地知道李皋的情况，就重新任命李皋为衡州刺史。等到李皋回到衡州，官复原职后，才哭泣着告诉母亲实情，并说不是很重大的事，孩儿不敢禀告，恐母亲挂念不安。

"孝"就是要体谅父母，设身处地为父母着想，不要让父母为我们担忧。孝顺父母，就是从日常的生活细节开始，从对父母的嘘寒问暖开始，无论外出还是归家，都向父母禀告一声，生活方面、事业方面都应该懂得如何来安排和规划，以免让父母操心。这都是我们为人子女的基本准则。

四

【原文】事虽小，勿擅为，苟擅为，子道亏。

物虽小，勿私藏，苟私藏，亲心伤。

【译文】即使是小事，也不要擅自做主，而不向父母禀告。如果擅自去做，容易出错，就有损为人子女的本分。东西虽小，也不可以私自藏匿。如果私藏，品德就有缺失，父母知道了一定很伤心。

父母一般比孩子多了二十几年的生活经历，孩子的成长过程父母都已经经历过了，他们有自己的感悟、经验、教训，总希望自己曾经走过的弯路孩子不必再走一遍，自己吃过的苦孩子少吃一点，自己曾犯过的错误孩子少犯一点，希望孩子顺顺利利地完成学业、走上社会，这是普天下做父母的共同心态。孩子还未成年，心智普遍不太成熟，有时犯的错虽小，但后果却挺严重，这让父母担忧不已。现在很多家庭，完全是以孩子为中心的，孩子很少会考虑到他人，容易任性而为，做出一些不该做的事，最终让父母伤心不已。

东晋名将陶侃，其父陶丹在三国时的吴国任扬武将军，但很早就去世了。陶侃全靠母亲湛氏一人纺纱织布维持生活，后来谋得了一个小小的"鱼梁吏"的职位，监管渔业。刚上任不久，陶侃托人捎几条咸鱼回家，这是当时人们喜欢吃的东西。不料陶母将鱼原封不动地退回来，还附了一封书信，说："你现在才当了个小官，就拿公家的东西回家，不但不能帮我，反而增加我的忧虑啊！"陶侃收到母亲退回的咸鱼和书信，感到愧疚万分，深受教育。于是下定决心，一生谨记母亲教导，公正廉洁为官。这就是后来广为流传的"封坛退鲊（zhǎ，盐腌的鱼）"的教子故事。

几条咸鱼，微不足道，捎几条咸鱼回家，本是小事，但陶母深知儿子"以官物遗我"，也就是擅自拿公家的东西回家，却是大事。接下来拿回家的可能就是金银珠宝，由小到大，由少到多，那么，儿子最终也许会沦落为千夫所指的贪官，甚至走上不归路，所以小事不小。每个人的一生，父母的影响总是巨大的。父母是否品行端正，是否教子有方，会直接影响孩子的一生。陶母湛氏的深明大义，也让她成为中国古代"四大贤母"（孟母、欧阳母、岳母、陶母）之一。明朝张九韶在《重修陶母墓记》中赞曰："世之为母者如湛氏之能教其子，则国何患无人材之用？而天下之用恶有不理哉？"

一个已经做了"鱼梁吏"的官，也就是当了领导的成年人，可能是一时没有考虑周全，做出了令父母担心的事，更何况心智还没有成熟的孩子呢？所以，对一些没有把握的事，即使再小，也要多向父母请教，这样就可以减少犯错的机会。同样，一些看起来毫不起眼的东西，不是你的，就不可以私自把它藏匿起来，变为己有。特别是在学校等公共场所，即使是一支铅笔、一块橡皮，东西虽小，但你私自拿了，那你也就等于是小偷一样了，这会让父母感到伤心不已。因为小偷这个恶名，意味着你的手脚不干净，也意味着道德的败坏，实在是难听得很。

《伊索寓言》中有个"偷东西的小孩"的故事，其结局让人警醒。有个小孩在学校里偷了同学一块写字石板，拿回家交给母亲。母亲不但没批评，反而还夸他能干。第二次他偷回家一件大衣，交给母亲，母亲很满意，更加夸赞他。随着岁月的流逝，小孩长大成小伙子了，便开始去偷更大的东西。有一次，他被当场捉住，反绑着双手，被押送到刽子手那里。母亲跟在后面，捶胸痛哭。这时，小偷说，他想和母亲贴耳说一句话。母亲马上走了上去，儿子一下猛地用力咬住她的耳朵，并撕了下来。母亲骂他不孝，犯杀头之罪还不够，还要使母亲致残。儿子说道："我初次偷石板交给你时，如果你能打我一顿，今天我何至于落到这种可悲的结局，被押去处死呢？"

一块写字石板，东西虽小，却也是偷。孩子不懂事，犯了错，做父母的就应该批评教育，如果孩子还不改正，父母须更严厉地惩戒。这则寓言中的母亲是个是非不分的糊涂虫，对于孩子的错误不但不加以纠正，反而纵容与鼓励，最终酿成了不可挽回的大错。所以刘备告诫他的孩子："勿以恶小而为之，勿以善小而不为。惟贤惟德，能服于人。"这就是说，不要因为好事小而不做，更不能因为坏事小而恣意妄为。积小成大、积少成多的道理，大家都懂。所以作为孩子，尤其不在家里的时候，不是自己的东西，即使再怎么喜欢，也不要私藏，更不要不经人同意就据为己有。否则，父母会为你的这些"小恶"而"心伤"，那就是不孝。

为人子女者，在平时的为人处事中一定要谨慎，尤其是自己拿不定主意的事，即使再小也要多和父母商量，以免做错了而后悔。家中东西虽小，也不要背着父母，偷偷地藏起来，被父母知道了，就会使你与亲人之间产生感情的裂隙。更不能在外面做诸如小偷小摸等有损父母颜面的事，否则，父母一定会很伤心。父母是我们最亲近的人，有什么快乐或难过的事、好吃或好玩的东西，记得要与父母分享。这样，孩子与父母之间的感情也会更加融洽，孩子在成长的道路上也会少走许多弯路。

五

【原文】亲所好，力为具，亲所恶，谨为去。

身有伤，贻亲忧，德有伤，贻亲羞。

亲爱我，孝何难，亲恶我，孝方贤。

【译文】父母所喜好的东西，应尽力去准备齐全；父母所厌恶的事物，要小心谨慎地去除。要爱护自己的身体，不要使身体轻易受到伤害，让父母亲忧虑。要注重自己的品德修养，不可以做出伤风败俗的事，使父母亲蒙受耻辱。当父母喜爱我们时，孝顺是很容易的事情。但当父母不喜欢我们或者管教过于严厉时，我们一样孝顺，还能够自己反省检点，体会父母的心意，努力改过并且做得更好，这种孝顺的行为最难能可贵。

2007 年，一组《手拉"房车"载母游全国》的新闻被各大媒体纷纷报道，感人至深。一辆名为"感恩号"的三轮车，车上坐的是 78 岁的老母王玉霞，拉车的是两兄弟，哥哥王凯 56 岁，弟弟王锐 54 岁，均已退休。据兄弟俩介绍，事情的起因是在十年前，他们看到有人骑三轮车载着母亲周游全国，母亲也产生了让儿子带着她出去看看的念头。但是，那时候他们还要工作，客观上无法满足母亲的愿望。另外，他们的父亲生前也一直想带着母亲到处走走，但一直没有成行。2007 年，父亲生病去世，为了完成他的遗愿，也为了让母亲不再留下遗憾，兄弟俩决心在退休后行动起来。考虑到母亲晕车，为了让母亲玩得更舒服些，兄弟俩索性自己动手，花半年时间做了辆手推三轮车，带着母亲边走边欣赏祖国的大好河山。9 月 24 日，他们从黑龙江省兰西县老家出发，准备用 10 个月的时间徒步抵达香港和澳门，再返回北京观看奥运会开幕式。兄弟俩完全靠着人力，拉着 400 多斤重的车子，用时 268 天，往返 17 个省市，行程 1.8 万公里，用双脚走过了全国 600 多个大小城市，并沿途向行人宣讲孝道。得知王氏兄弟的感恩壮举，沿途市民纷纷点赞，很多人还给予他们各种关心和帮助。母亲王玉霞一路上感到特别高兴，逢人就说："孩子们孝顺，我是最有福气的母亲。"

父母辛苦了一辈子，年纪大了，为人子女应该知道去关心体贴父母。衣食住行上我们要时时在意，千万不要怠慢了父母。父母总是为儿女着想，有时有想法也不愿麻烦子女，但我们要善于观察。他们喜欢吃什么就多准备些，想到哪里就陪他们去走走，尽量顺着父母的心意，满足他们的愿望，使其心生欢喜。王氏兄弟以其实际行动向我们阐释了"亲所好，力为具"的内涵，这才是真正的孝道。"感恩号"也足以感天动地，值得我们每一个人效法学习。其实大部分的父母对儿女也不会有太多的要求，所以我们尽量多做些让父母高兴的事，而对他们不喜欢甚至是厌恶的事或东西，我们都要小心谨慎地去除掉，更不要做让父母感到没有颜面的事。孔子曾说："父母唯其疾之忧。"子女尽孝，就是要让父母放心，最多让父母担心我们的身体健康与否，而不是要担心我们的品性和行为问题。而且即使是生病（因为是难以避免的），也不应当是不良行为引起的，比如过量喝酒、经常熬夜等。所以《孝经》中的第一句话就是："身体发肤，受之父母，不敢毁伤，孝之始也。"孔子所倡导的孝行，特别重视子女的品行修养，要让父母以子女为荣，而不是以子女为耻。孝就是让父母只忧其疾，而不忧其行。

我们常说"父慈子孝"，父母喜爱我们，跟我们相处十分融洽，这时对父母的孝是非常自然和容易的。但当父母不喜欢甚至讨厌我们，抑或管教过于严厉而打骂我们时，作为儿女也应该时刻感念父母的生育之恩、养育之德，要以孝道为先。父母也会有错，但绝不能因为父母对我们好，我们就对他们好，父母对我们不好，我们就不孝敬他们。这样就把恩情和亲情当做了交易，这是功利观，而非道义观。与父母间的人伦之道，首先就要尽为人子女的孝道，而不能以父母是否尽责或做得对错作为前提条件。人生就是一场修行，纵使别人用不对的态度对我，我依然要用对的态度去面对他人，"恩欲报，怨欲忘"，唯有这样，才能更好地消解一切恶缘，人生的格局才会越来越大。

《二十四孝》中有个"芦衣顺母"的故事，讲的是孔子的弟子闵子骞，年幼丧母，父亲娶了后母，又生了两个儿子。冬天，天气寒冷，两个弟弟穿着用棉花做的冬衣，闵子骞却穿着用芦花做的"棉衣"。父亲出门，闵子骞驾车时冻得直打颤，将绳子掉落地上，遭到父亲的斥责和鞭打，结果芦花从打破的衣缝里飞了出来，父亲方知儿子受到后母的虐待。一气之下，父亲要赶走后母。这时闵子骞跪下来哀求父亲说："母在一子寒，母去三子单。"父亲十分感动，继母也反省改过，从此对待他如亲子。孔子也特别称赞闵子骞："真是难能可贵的孝子啊！"

　　我们就是要学习闵子骞这种孝心，不管父母如何对我们，我们都要尽到子女的本分。我们常说家和万事兴，只有发自内心真诚的孝心，即使"亲憎我"，父母也会为我们的孝行而感动，从而家庭和睦，父母与子女能在一起共享天伦之乐。所以说，能够在逆境中成长的孩子才是真正的孝子。

六

【原文】亲有过，谏使更，怡吾色，柔吾声。

谏不入，悦复谏，号泣随，挞无怨。

【译文】父母亲有过错的时候，应小心劝导他们改过向善。劝导时态度要诚恳，声音须柔和，并且和颜悦色。如果父母不听规劝，要耐心等待，一有适当时机，例如父母情绪好转或是高兴的时候，再继续劝导。如果父母仍然不接受，甚至生气，此时我们虽难过得痛哭流涕，也要恳求父母改过，纵然遭到责打，也无怨无悔。

春秋时期，有个孩子叫孙元觉，从小孝顺父母、尊敬长辈，可他父亲对祖父却极不孝顺。孙元觉的爷爷年纪大了，常年卧病在床。孙元觉的父亲觉得老人拖累了家人，于是经常横挑鼻子竖挑眼，辱骂老人。一天，孙元觉的父亲把老人装在筐里，绑在木板车上，要送到深山里扔掉。孙元觉拉着父亲,跪着哭求父亲不要这样做,但父亲根本就不听。走了很久,他们来到一个荒无人烟的地方,孙元觉的父亲把老人真的扔在了草丛里,然后推着车子转身就走,连箩筐也不要了。孙元觉却哭着把箩筐捡了起来,要把它带回家去。父亲说:"这是个不吉利的东西,把它扔了吧。"可孙元觉却一本正经地说:"这可是咱家的传家宝,我要好好地保留它。因为将来等您老了,我也要用它把您扔掉呢。"父亲大吃一惊,没想到儿子会说出这样的话,急忙教育道:"你是我儿子,怎么能这样对我呢?"孙元觉回答道:"有其父必有其子。父亲是我的榜样,您怎样教育儿子,儿子将来就会怎样做。"父亲想想儿子的话句句在理,不禁羞红了脸,赶紧把老人接回了家。从此,真心实意地孝顺老人,再也不敢怠慢。

人非圣贤,孰能无过?父母有过错,做子女的肯定要劝谏,但怎样劝谏却是值得我们好好思量的。我们一定要注意说话的语气和方式,尽量做到和颜悦色,柔声细语,千万不要态度蛮横,摆出一副盛气凌人的模样,说话的方式简直就像狂风暴雨、电闪雷鸣一般,对父母横加指责,毫不顾忌他们的感受,这样会让父母下不来台,甚至十分反感,就达不到效果。孙元觉明知父亲的做法大逆不道,一开始是跪着哭求父亲不要抛弃祖父,当父亲一意孤行后,他又巧妙地运用"以其人之道,还治其人之身"的方法,告诫父亲不要犯下如此荒诞的错误。孙元觉的态度十分温和,没有疾言厉色,没有横加指责,却让父亲心悦诚服地扪心自问、改过自新。其说话的艺术,着实让人佩服。

孔子重孝,曾提出"不远游""敬不违""劳不怨"等孝道观,但同时认为"孝"也要注意方式方法。对于父母的过失,要婉言劝告。如果父母一时想不通,没有接受子女的想法,我们仍然要尊敬他们,不要心生怨恨,违逆对抗。孔子还认为孝敬父母最难的是"色难",因为人的脸色是由内心决定的，高兴时阳光灿烂，痛苦时乌云密布，很难伪装。而与父母的交流，似乎是人际交往中最不需要讲究方式方法的，高兴时我们在父母面前眉开眼笑，不顺心、不耐烦时忍不住在父母面前大发脾气。长期保持一颗恭敬心和任劳任怨的谦和态度着实不易。同时，我们也要特别注意，无论做什么事，时机的把握非常重要，对父母的劝谏也是如此。一个人心情好的时候，即使忠言逆耳，也听得进一些。但如果父母对自己的过错固执己见，我们也不要乱发脾气，顶撞父母。就算受到父母责骂，我们也不要有怨言。假如父母一怒之下体罚我们，能躲则躲，该逃则逃。我们要用持久的诚心来开导和感动他们，时间久了，父母也是会醒悟的。千万不能因为父母的一两次的不听劝，就放弃了，这样就失去了为人子女的本分。

《孔子家语》中曾记载：一次，曾参锄地的时候误把瓜苗的根锄断了，曾参的父亲大怒，一棍子打过去，当场将曾参打昏了。过了好一阵子，曾参才苏醒过来。但他高兴地站了起来，对父亲说："刚才儿子做了错事，您老人家为教导我而用力打我，您没有受伤吧？"回到自己的房间后，曾参又弹琴又唱歌，想让父亲听到，以表示自己的身体早已恢复了健康。孔子听到这件事后非常生气，教育曾参说如果真的被打死了，父亲就要背上个杀人的罪名，这不是陷父亲于不义吗？曾参听后连忙向老师谢罪。

父母做错了事，子女若依然毫无原则地去顺从，那可能陷父母于不义，便是愚孝，所以不能放弃对父母的规劝。当然，规劝的时机和方式方法也非常重要。所以，为人父母者也要特别注意，当子女不断对自己提出规劝时，也应当不时反省自己，若有做得不好的，也要慢慢改正。因为父母是孩子最好的榜样，这道理总是不会错的。

七

【原文】亲有疾，药先尝，昼夜侍，不离床。

丧三年，常悲咽，居处变，酒肉绝。

丧尽礼，祭尽诚，事死者，如事生。

【译文】父母亲生病时，煎好的药子女要先尝一尝。父母一旦病情严重时，子女更要昼夜服侍，不可以随便离开床榻左右。父母去世之后，应守孝三年，要常常悲思、感怀父母教养的恩德。自己的生活起居必须调整改变，不能贪图享受，应该戒绝酒肉。办理父母亲的丧事要合乎礼节，拜祭时要诚心诚意。对待已经去世的父母，要如同其生前一样恭敬。

　　汉文帝刘恒是刘邦的第四个儿子，在历史上是一个有名的仁孝皇帝。刘恒对他的母亲薄太后的孝顺，可以说是后人的榜样。作为皇帝，肯定日理万机，但他再忙也每天必定向母亲请安，抽出时间来陪伴在母亲的左右。有一次，薄太后患了重病，而且一病就是三年，卧床不起，这可急坏了刘恒。刘恒亲自学习如何煎药，给母亲服药之前也必定是把药先自己尝尝，看看温度是否合适，烫不烫嘴，非常细心。他侍奉在母亲的床前三年如一日，"目不交睫，衣不解带"，随时准备起来照顾母亲。

常言道：久病床前无孝子。汉文帝虽贵为天下之尊，但侍奉母亲，亲力亲为，从不懈怠。不仅如此，汉文帝还把这种对亲人的孝、爱、敬，延伸到百姓身上，言传身教，感化天下苍生。汉文帝在位23年，躬行节俭，宫室、苑囿、狗马、衣服、车驾无所增加。有一次他想要建筑一个露台，但预算下来要花费黄金百斤，大概相当于十个中等水平家庭的财产，于是放弃了。汉文帝重德治，兴礼仪，励精图治，兴修水利，重视发展农业，使汉朝进入强盛安定的时期，开创了历史上著名的"文景之治"时期。后人为了纪念他的成就和孝道，将其列为《二十四孝》的第二孝。

现在我们医学发达，父母生病，大多服用西药，我们一般也不用像汉文帝那样"亲尝汤药"，方便多了，但我们可以给父母倒好开水，等水温了再提醒父母吃药。父母年纪大了，我们更要注意不让父母服错药，特别是病情危急的时候，更要在老人身边照料。千万不要以学习忙、工作忙、生意忙、应酬忙为借口，让病床上的父母看不到你的身影。其实这些都是蹩脚的借口，因为你再忙也没有皇帝忙吧。儿女总是父母最贴心的人，对父母的喜好、习惯也十分熟悉，照顾起来总比医护或保姆更贴心吧。天之大，孝为先。父母生病时，做儿女的就应该守在身边，仔细照料。

在古代，父母百年之后，子女要守孝三年。当官的碰到父母去世，不管官多大，都必须回家为父母服丧守孝三年，这叫丁忧。如果官员不马上告假还乡，监察御史可以马上提出弹劾，让其永不叙用。父母葬后，子女则要在其坟墓旁盖上简陋的草房居住，穿粗布孝衣，不能饮酒食肉、洗澡剃头，更不能娶妻纳妾，平时不从事娱乐活动，甚至不能访友，以此来表达对父母的哀悼和纪念。

《后汉书·陈蕃传》记载：有一个叫赵宣的人，就居住在墓道中为父母守孝二十余年，乡人都称他大孝子。州郡官屡次请他做官，他都不出来。后来郡太守陈蕃得知他有五个儿子，并且都是在居丧期间生下的，于是大怒，给他以相应的惩罚。赵宣本想以居丧持久来沽名钓誉，最终却落得个身败名裂的下场。

那么，为什么会有服丧三年的规矩呢？这是基于古人对父母的朴素的报恩意识。《论语·阳货》记载，宰予提出，守丧三年时间太长了，应把服丧时间缩短一些，一年就可以了。孔子听了非常生气，问宰予，父母辞世不满三年，便吃白米饭穿绸缎衣，你能心安吗？宰予回答能心安。孔子就对他说："心安你就去做吧！君子守孝，食不知道甜美，听音乐不觉得快乐，住在好房子里也不会舒服。"宰予走后，孔子便对其他人说："宰予真是不仁呀！儿女生下来，三年以后才能离开父母的怀抱。替父母守丧三年，天下都是如此做的。难道宰予就没有从他父母那里得到三年的爱吗？"父母在自己孩子不满三岁的时候，那种无微不至的照顾，那份辛劳的付出，是很难用语言一一描述的。因此，对父母的三年之丧可以说是对父母三年慈爱最起码的回报。

当然，现在家里老人去世很少有子女能够守孝三年的，在快节奏的时代洪流中也不允许人们这样去做，我们只要理解三年之丧的精髓就够了。在父母去世后的短时间内我们也不能太贪图享乐，像古人那样完全杜绝酒肉似乎很难做到，但各类娱乐活动，如卡拉OK之类的就尽量别参加。父母的丧事要合乎礼节，既不能草率马虎，也不要铺张浪费。现代社会中存在着一个很不好的现象，那就是薄养厚葬。父母活着的时候没能好好地尽孝道，对于丧事却大操大办。这不是真正的孝，而是为了自己的面子，是非常不可取的。正如"祭而丰不如养之厚，悔之晚何若谨于前"，无论祭祀的物品有多丰厚，都不如在父母生前好好奉养更有意义。所以趁父母健在，我们要懂得珍惜，用心奉养。人生最大的悲哀，莫过于"子欲养而亲不待"了。

八

【原文】兄道友，弟道恭，兄弟睦，孝在中。

【译文】哥哥姐姐要友爱弟妹，弟弟妹妹要恭敬兄姐，兄弟姐妹就能和睦相处。一家人其乐融融，父母自然欢喜，孝道也就体现在其中了。

孟子把人伦关系概括为五种，即"父子有亲，君臣有义，夫妇有别，长幼有序，朋友有信"，这是处理人与人之间关系的道理与行为准则。孟子认为，仁、义的基础是孝、悌，而孝、悌是处理父子和兄弟血缘关系的基本的道德规范。孟子还把"父母俱存，兄弟无故"作为君子三乐之一，而且排在三乐之首，意在教育后人要孝敬父母，关爱兄弟，并由爱自己的亲人，扩及仁爱天下所有的人，甚至爱大自然中的草木和禽兽。

兄弟姐妹一奶同胞，血浓于水，故"悌"也被看作是"五伦"之一。

人的一生，与兄弟姐妹相处的时间，往往比与父母相处的时间还要长。因为父母一般比我们大二十几岁，而兄弟姐妹则与我们年龄相仿，往往会陪伴我们到终老。孝悌本是一体的，如果兄弟姐妹能和睦相处，做兄长的懂得爱护自己的弟妹，而弟妹能尊敬和顺从兄长，相互关心、相互帮助，父母就会看在眼里，喜在心里，这也是一种孝道。如果兄弟姐妹不和，经常吵架，有时甚至为了一点家庭琐事大打出手，相互仇视，肯定会把父母气得半死，那便是大不孝。

北宋年间，一位叫郑淮的安徽青年辗转来到浙江浦江的玄鹿山下，见此地土地肥沃，景色如画，就定居下来。到第三代，一家之主的郑绮在离世前将所有族人聚于郑家祠堂，刺破手指，将血滴入酒杯，命大家共饮并立下家规——"吾子孙有不孝、不悌、不共财聚食者，天实殛（jí）罚之。"正是这一次临终前的嘱托，创造了一个中国历史上著名的大家族——郑义门。郑氏家族曾十五世同居，经过了宋、元、明三个王朝，共计 330 多年，最盛时 3000 多人同锅吃饭，明太祖朱元璋亲自赐封为"江南第一家"。

纵观郑氏家族的历史可以发现，历经几代完成的《郑氏规范》，可以说是这个家族有着如此强大凝聚力和旺盛生命力的心魂所在。共 168 条的《郑氏规范》以"孝义"为立家之本，重视人伦关系，崇尚孝顺父母，提倡兄弟之间要恭敬谦让，并且坚持勤劳俭朴的持家原则。郑氏家族还非常注重教化，家族成员，无论男女，每日早晨起床后，都要听诵训诫之词，接受"积善""孝悌""仁恕""济人"等教育。《郑氏规范》认为一个家族的兴衰关键在于积善还是积恶，即"人家盛衰，皆系乎积善与积恶而已。何谓积善？居家则孝悌，处事则仁恕，凡所以济人者皆是也；何谓积恶？恃己之势以自强，克人之财以自富，凡所以欺心者皆是也"。

郑氏家族还非常注重廉政教育，他们从一个人如何对家庭、家族负责的角度出发，告诫子孙外出做官须"奉公勤政，毋蹈贪黩"。要求族人拒受不义之财，出仕者须以报国为务，不妄取于民。《郑氏规范》第88条规定："子孙出仕，有以赃墨闻者，生则削谱除族籍，死则牌位不许入祠堂。"据《浦江县志》及《郑氏族谱》记载，"郑义门"出仕的173位官吏中，大至礼部尚书，小至普通税令，竟无一贪官污吏，他们人人勤政廉政，忠君爱民。难怪"郑义门"成为当时一个国家的精神坐标，连明代的法律中都引入了不少《郑氏规范》的内容。

郑氏家族把孝义精神广泛地落实于生活实践中，由此产生了很多感人至深的孝义事迹。作为"郑义门"创始人的郑绮，就是一位大孝子。郑绮的母亲生病，手足不能屈伸，郑绮在床前侍候长达30年，守护如抚婴儿。据《宋史·孝义传》记载，其父郑照，被人冤枉而判了死罪，郑绮坚持以身代父，要求郡守查明真相。郡守为郑绮的孝行感动，命人彻查，其父冤屈终大白于天下。

传奇的家族，总是会有传奇的故事向我们叙述着它们的历史。一个"兄弟争死"的故事，完美地诠释着什么是真正的兄弟之情。宋末元初，郑氏郑德珪的弟弟郑德璋颇有才能，在青田任职时，因得罪势利小人，遭人诬陷，被判了死罪，将押往扬州。郑德珪当时是龙游县丞，他不忍弟弟蒙受冤屈，瞒着弟弟赶往扬州，愿代弟弟受死。郑德璋知道此事后，立马追赶，在诸暨追上了哥哥，坚决反对哥哥替其代罪的行为。郑德珪佯装同意了弟弟的意见，却于深夜前往扬州。郑德璋赶到扬州时，发现哥哥已经冤死在狱中，哀恸不已，于是为哥哥守墓三年。此后更是一心一意为郑氏家族服务，兢兢业业，任劳任怨。明洪武十四年（1381），胡惟庸案震动朝野，牵连到郑家。朝廷派人拘捕郑氏成员，结果郑氏兄弟6

人，争相入京赴狱。最小的弟弟郑湜更是力排众议，挺身而出，准备承担罪责。其长兄郑濂死活不依，说："我居长，当任罪！"兄弟抢着入狱的事情传到朱元璋耳里，大为感动，说如此孝悌仁让的家庭，是不会出叛逆之人的，就不用审问了，反而下圣旨提举郑湜为福建布政司参事。

郑氏兄弟以无私的爱相互成全着对方，让人感到阵阵温暖，也向我们诠释着孝悌的真义。兄弟姐妹之间互相关怀，和睦相处，其乐融融，父母自然高兴，这就是一种孝道。

九

【原文】财物轻，怨何生，言语忍，忿自泯。

【译文】把财物看轻点，怨恨就无从生起。讲话时不要太冲动，过激、伤感情的话忍住不说，不必要的冲突、怨恨自然就会消失了。

现实生活中，钱财的重要性自不必说，所以我们常说，没有钱是万万不能的，但钱也不是万能的。生活中总有一些东西是很难用钱财去买到的，比如亲情。能成为一胞所生的兄弟姊妹，那是多大的缘分，正所谓"同气连枝，骨肉相连"，千万不要把钱财放在第一位，因为钱财毕竟是身外之物。兄弟姐妹之间为争家产反目成仇，甚至大打出手，实在是很不应该的，也是父母不希望看到的。把钱财看轻一点，把亲情看重一点，多一些礼让，少一点计较，才是兄弟姐妹的相处正道。

五代时期，有个叫张士选的人，年幼时父母就过世了，一直由叔父抚养成人。张士选的祖父留下不少的家产，但因整个家庭只剩下叔父一个长辈，晚辈的年龄普遍偏小，不具备单独过日子的能力，所以一直没有分家。张士选 17 岁时，他的叔父说："现在你已长大成人，可以独立成家了。现在我把你祖父留下的家产分成两份，我们两家一家一份吧。"本来叔父想着自己就两兄弟，父亲留下的家产也就自然分成两份了。不承想，张士选却说："叔父你生有七个儿子，我怎么能一个人独占一半呢？应该把家产分成八份才对。"叔父觉得不好意思这样做，张士选却坚持自己的主张。最后，叔父只能听从了侄子的主张，把家产分成八份，每人一份。

张士选后来被推荐进京城参加考试，同时被推荐参加考试的有二十多人。二十几人一起走在通往考场的路上，有位精通相学的术士指着张士选说："今年高中状元的，一定是这位少年啊！"同去的人听到了，都不以为意，有的还当场反驳了术士的说法。后来那位术士向众人解释道："读书、作文章这件事情，我不是十分了解，但是这位少年，满脸都带着积大德的气色，这一定是他做了大善事的缘故，所以我才敢断定，他就是今年的状元啊！"后来，正如那位术士所料，张士选果然高中状元。

张士选看重的并不是那份家产，而是兄弟姐妹之间的手足亲情。我们常说好心会有好报，一个人做了好事积了德，那份福报就写在了脸上。

除了钱财外，兄弟姐妹平时相处时怎样说话也很重要。人与人之间，相处久了，难免会有些矛盾和摩擦，牙齿和舌头之间都偶尔会闹别扭呢，更何况是人？人在发脾气的时候，往往是比较情绪化的，极有可能会说出一些过激的、刻薄的话，这样也会伤感情的，所以兄弟姐妹之间不要以为感情深，就可以不顾讲话的方式方法。脾气上来的时候，要压得下、忍得住，家庭中的冲突自然就少了一大半。快乐不是拥有得多，而是计较得少。我们常说要包容，对自己的家人也是如此，钱财上，言语上，要少计较。俗话说："忍一时风平浪静，退一步海阔天空。"兄弟姐妹之间本来也没有什么大是大非的原则问题，能忍让，就能化干戈怒气于无形之中，不必要的冲突自然就消失得无影无踪。

《旧唐书》记载，唐朝张公艺，九代累世同居，合家九百人，团聚在一起，和睦相处，而且累朝都有旌表。唐高宗有感于自己父子兄弟关系的紧张不睦，因而到泰山去的路途中也顺道来拜访张公艺。唐高宗问起如何能做到九世同居而又家庭和睦，张公艺答道："我自幼接受家训，慈爱宽仁，没有其他特殊的地方，唯诚意待人，一个'忍'字而已。"于是拿出笔墨纸砚，写了一百多个"忍"字，并解释道，由于人口众多，矛盾争端也在所难免，但如果大家都能以平和的心态对待，不计较个人得失，相互包容，互相谦让，家庭自然就和睦了。高宗连连称善，竟然激动地流下了泪水，赐以缣（jiān）帛，以彰其事。

俗话说：兄弟同心，其利断金。兄弟姐妹和睦团结，才能做到家和万事兴。如果子女不孝，婆媳不和，姑嫂相猜，兄弟阋（xì）墙，不仅会造成家庭的不睦，更会被世人所耻笑。我们常说"兄弟如手足"，既是手足，彼此之间就应该是休戚相关的，相互之间要团结友爱、互帮互助，而不能针尖对麦芒，相互伤害。兄弟之间如果遇到矛盾或误会而相互争吵，想一想"本是同根生"，相互忍让一下，各退一步，矛盾自然就容易消解。如果遇到了财产上的纠纷，想一想"相煎何太急"，不要把钱财看得太重，想想亲情才更难得，纠纷就会戛然而止。骨肉相残，同室操戈，父母看在眼里疼在心里，为人子女的又哪里还谈得上孝道呢？

十

【原文】或饮食，或坐走，长者先，幼者后。

【译文】不论用餐、就座或行走，都应该谦虚礼让，长幼有序，让年长者优先，年幼者在后。

中国作为一个有着五千年文明的古国，素有"礼仪之邦"的美称。礼仪作为人类文明的重要标志之一，也是我们要共同遵守的最起码的道德规范，并通过风俗、习惯和传统等形式表现出来。尊老敬老就是中华民族的优秀传统。在中国，古代把"老"当做光荣称号，比如，"老师"最初是指年老资深的教师或学者，后来，为人师者，不论年龄大小都称做"老师"，"老"字在这里带有了尊敬的味道。而在今天，把"老"字用在姓或名的后面，敬称某人为"某老"，也一定是带了高度的敬意。而能被称做"某老"的人，一般来讲，也一定是德高望重之人。

古代，尊老敬老不仅在普通百姓的日常生活之中，连君主、士族到整个官绅阶层，都在身体力行，并且形成了一整套敬老养老的规矩和礼制。《礼记》中说：人生百年，"六十曰耆（qí），指使"。就是说人到了60岁时一般就不必事必躬亲了，只要指使下辈人去做就行了。"七十曰老，而传。"人到了70岁称"老"，开始将家长职责等重任交付下一代。"八十九十曰耄（mào）"，"耄虽有罪，不加刑焉"，"百年曰期颐"。就是80到100岁的老人称"耄"和"期颐"，他们都可以不用承担什么社会义务了，可以靠子孙的照顾，颐养天年了，甚至在定罪量刑上都享有特权。由此可见对老者的尊重。

有时，很多场合一些特殊的礼仪也传达出对老者的尊重，比如在座次安排和饮食上。《礼记》说："虚坐尽后，食坐尽前。""虚坐尽后"，就是在一般情况下，晚辈要坐得比尊者、长者靠后一些，以示谦恭。"食坐尽前"，是指进食时要尽量坐得靠前一些，靠近摆放馔品的食案，以免不慎掉落的食物弄脏了坐席。在古代饮酒礼节中，晚辈在长辈面前饮酒，要先行跪拜礼，然后坐入次席。入席后，晚辈也不能立即拿起酒杯就喝，须得到长辈的指令后，才可举杯；长辈酒杯中的酒尚未饮完，晚辈也不能先饮尽。《礼记》还明确"乡人饮酒，长者出，斯出矣"，意思是说，同本地方的人一道饮食，要等老人都离席而去，自己才能起身离开。另外，整个中国饮食礼仪中，排座次是非常重要的一个环节。古代，座次是尚左尊东、面朝大门为尊。家宴首席为辈分最高的长者，末席为辈分最低者。这些看起来非常细微的环节，只要你有一个地方做得不尽人意，那就是失礼了，是要受批评的。

在一些古代典籍中，如唐代的《唐律·仪制令》，这部由唐太宗李世民颁发的交通法规，其中就有"凡行路巷街，贱避贵，少避老，轻避重，去避来"的规定。唐朝就用立法的形式告诉我们要"少避老",也就是年轻人要主动给老年人让路，以示尊重。在传统蒙学中，对于同长者说话时的表情和音量的大小，都作了细致的要求。如周秉清的《养蒙便读》中说："侍于亲长，声容易肃，勿因琐事，大声呼叱。"就是在父母等长辈面前侍候，言谈表情应当严肃恭敬，不能因为小的琐事，而大声喊叫和呵斥。

所以尊老敬老作为中华民族的优秀传统，不仅是道德上的要求，更是在法律、规章制度、礼仪礼节方面都有着明确的规定。

《孔子家语》中有个"颜回偷食"的故事。颜回随孔子周游列国期间，有一次困于陈、蔡之间，七天没吃饭了。子贡想尽办法弄回了一些米。颜回就去做饭，不料有灰尘掉进饭中，颜回便取出来自己吃了。子贡远远地看见了颜回的举动，很生气，以为他偷饭吃，便跑去向孔子打小报告，说颜回的品德不行。孔子却丝毫没有怀疑颜回的品德，认为这里边必定有原因。孔子问颜回："我梦见了先人，不知道是什么启示。你做好饭了吧？我将祭奠先人。"颜回说："刚才有灰尘掉进饭里，留在锅里不干净，弃之又太可惜，我就把它吃了，不可以用来祭祀了。"孔子说："是这样啊，如果是我也会吃掉沾上灰尘的饭。"孔子证明了颜回的君子品性后，大家更加信赖颜回了。

这一篇本是赞扬颜回品格，讲如何辨人识人的。但是从另一个侧面也可以看出，如果长者、尊者没有用食之前，晚辈或学生偷偷地先吃，那就是大不敬。在《公西华侍坐》中，子路、曾皙、冉有、公西华陪孔子坐着，孔子说："不要因为我年纪比你们大一点，就不敢说话了。"虽然整段文章是讲孔子的思想和抱负，但也可以看出，在老师和长辈面前，讲话也是很有规矩的。

现在虽然没有古代那么多讲究了，但有的孩子在日常生活中有时表现得很没教养，让人看着很不舒服。如有的孩子和长辈讲话没大没小，吃饭时筷子只在自己喜欢的菜里上下翻飞，从不考虑别人的感受，公交车上也不给老人让座，更不用说路上碰到长者让其先行了。良好的生活教育，要从小培养，餐桌上的礼仪，接人待物的艺术，尊老敬老的优秀传统，看上去有时是非常细小的一些事情，却正是一个人文明素养的体现。个人最终取得的成就、社会地位与很多因素有关，但教养绝对是其中之一。

十一

【原文】长呼人，即代叫，人不在，己即到。

称尊长，勿呼名，对尊长，勿见能。

【译文】长辈有事呼唤人，应代为传唤，如果那个人不在，自己应该主动去询问是什么事。可以帮忙就帮忙，不能帮忙时则代为转告。称呼长辈，不可以直呼姓名，在长辈面前，要谦逊有礼，不可以炫耀自己的才能。

尊重老人、孝敬长辈是一个人的基本修养。老年人辛劳了一辈子，付出了很多，年轻人要心怀尊重与感恩，多为长辈做一些力所能及的事。长辈有事需要我们帮助时，我们千万别只顾埋头玩着电脑或手机，爱搭不理的，好像没带耳朵。当长辈叫唤他人时，也不要表现出一副"事不关己高高挂起"的样子，如果长辈叫的人不在，自己要主动去帮助一下长辈，否则会让人觉得没礼貌、不舒服。我们常说，助人乃快乐之本，我们要有一颗为他人着想的心，特别是对长辈。有的老人年纪大了，腿脚、眼睛、耳朵不方便，或者因受教育程度、家庭文化背景的个体差异等的影响，接受新鲜事物没有我们年轻人快，所以，我们年轻人要做好老人的腿脚、眼睛、耳朵和翻译。他们走不到的地方我们带上他们，他们看不到的我们描述给他们听，他们听不到的我们转述给他们，他们理解不了的我们解释给他们听。这样，老年人自然就会身心愉悦，安享晚年，我们也在对长辈尽孝的过程中，修养了自己的身心。另外，在和老年人交流时，如果你总是滔滔不绝地说一些高科技的东西或流行的文化，或者故意显摆、逞能，耍些小聪明，卖弄自己，显得自己博学能干，老人听不懂也不感兴趣，这样反而显示出你的浅薄、无知和无礼。我们在做事情的时候，一定要考虑对方的感受。

现实生活中，我们还要注意，晚辈直呼长辈的名字是很不礼貌的，是没有教养的表现。中国古代有一种特殊文化现象，那就是名讳，如遇到君主、尊长或先辈时，不但不能直呼其名，而且在书写的时候也要避开这些字，只能用改字、改音或减少字的笔画等方法予以回避，也称避名讳。陆游的《老学庵笔记》中，记录了一个大家耳熟能详的故事。北宋时，常州太守田登，骄横跋扈，因其名字中有个"登"字，所以不许辖区内的百姓写或说与他名字同音的字。谁要是触犯了他这个忌讳，轻则挨板子，重则被判刑。有一年，元宵佳节到来之际，照例要放焰火、点花灯以示庆贺，但告示上因为要避开田登的"登"字及其谐音字，所以只能把"灯"字一律改成"火"字。这样，告示上就写成了"本州依例放火三日"。百姓看后纷纷指责"只许州官放火，不许百姓点灯"，以示抗议。

在古代，不仅要避父母和祖父母之名讳，而且在与别人交往时也应避对方的长辈之名讳，否则极为失礼。仔细阅读《史记》，52万多字的鸿篇巨作，竟没有一个"谈"字，凡是遇到人名中带"谈"字的，一律改为"同"字。原因很简单，只因司马迁的老爸叫司马谈。被名讳坑得最惨的应当是唐代大诗人李贺。他才华横溢，与杜甫、李白、王维齐名，人称"诗鬼"。李贺想考进士，但妒才者放出流言，说李贺父名晋肃，"晋"与"进"同音，所以他应避父讳不举进士。虽然韩愈愤然为李贺辩解，但最终无法抗击强大的社会舆论，李贺放弃了科举，27岁就抑郁而终。

《三国演义》中，许攸少年的时候曾经与曹操是哥们，后来成为袁绍帐下谋士，多次为袁绍出谋划策，立下许多功劳。官渡之战时，曾力主攻打当时曹操的大本营许昌，差点就端了曹操的老巢。后来，许攸因家人犯法被逮捕，最终怒而投奔曹操。曹操对于许攸的到来大喜过望，连说"子远肯来，吾事济矣"，可见对他的重视。后来，曹操接受了许攸的建议，奇袭乌巢，烧了袁绍的粮草，袁绍大败。此战奠定了曹操统一中国北方的基础。但后来许攸自恃功高，屡次轻慢曹操，甚至不分场合地直呼曹操小名。在许攸设计得到冀州城后，他又当众大呼："阿瞒，如果没有我，你进不了这个城门。"曹操表面上虽哈哈大笑，但心里颇有芥蒂。直呼曹操的小名，这可是犯了大忌，是绝对的大不敬，众将士听了此话，个个脸露不平之色。一日，许攸又在那里口吐狂言："你们这些人没有我，怎么能进出此门呢？"结果，正是许攸的这种狂妄逞能，最终招致了杀身之祸。

古代避名讳这种现象在我们看来有些荒唐，让人哭笑不得，却又无可奈何。我们现在肯定不必有这么多讲究，但文化是有传承的。时至今日，子女取名时与长辈名字相同或者同音的字仍然是要避讳的。我们要记住，称呼长辈，是不可以直呼姓名的。否则，就是目无尊长，是要被批评的。

如果长辈的亲朋好友来家里，也许你并不认识他们，要"爷爷奶奶叔叔阿姨"地称呼他们，主动做好一些服务工作，如端茶倒水等，长辈一定会夸你知礼数、有教养，容易得到他们的认可和垂爱。很多时候，老年人丰富的生活经验对我们的成长也是很有用的。

十二

【原文】路遇长，疾趋揖，长无言，退恭立。

骑下马，乘下车，过犹待，百步余。

【译文】路上遇见长辈，应快步向前问好。长辈没有事时，即恭敬退后站立一旁，等待长辈离去。不论骑马或乘车，路上遇见长辈均应下马或下车问候。并等长辈离开约百步之后，我们才可以离开。

孔子在《论语》中说："不学礼，无以立。"就是说不学会礼仪礼貌，是很难在这个社会上立足的。一个人的举止是否优雅、有无教养，并不是看他是否穿名牌，是否开豪车，而是看他在人际交往中，是否"知礼、学礼、懂礼、行礼"。一个人衣冠楚楚、道貌岸然，在公共场合却满嘴脏话、随地吐痰、乱闯红灯、任意插队，那是要被人唾骂没有素质的。如果你不注意这些礼仪，你是很难融入这个社会的。可见，从小养成良好的行为举止是多么重要。

从小爸爸妈妈教育我们：见到长辈要有礼貌，要先打招呼。家里来客人了，或者路上遇到了长辈，我们要主动过去大大方方地打招呼，这是见面的礼仪，也是规矩。这样既显得对他人尊重，又显得有家教。如果遇到长辈爱理不理，这一句"没有一点规矩"的责骂是免不了的。古代，在路上遇到长辈，要快步迎过去，还要行礼问候；问候过后，长辈假如没有什么事，还要恭敬地退后站立一旁，等长辈走后才可以离开。现代一般也没有人这样做了，但是现在有的人远远地看到长辈或老师，不是迎上前去打招呼，而是低下头假装没看到或干脆掉转头绕道走，躲得远远的，这样就很没礼貌。还有人看见长辈或老师，昂着头大摇大摆地从他们身边走过，根本不理人家，那也是没有修养的表现，都是不招人待见的。

《史记》中有个"圯（yí）桥进履"的故事。汉代开国功臣张良年轻时，有一次在下邳的桥上散步，有一位穿着粗布衣裳的老人，来到张良跟前，故意把他所穿的鞋丢到桥下，然后回过头傲慢地对张良说："年轻人，下去给我把鞋捡上来！"张良起初非常吃惊，接着是愤怒，想要打他一顿，但考虑到对方年纪大了，竭力忍住怒火，走下桥去把鞋捡上来。不承想老人居然跷起脚来，说："把鞋给我穿上！"张良想想既然已经帮他把鞋捡上来了，于是又恭恭敬敬地给他穿上。老人穿好鞋后，非但不谢，反而大笑而去。张良非常吃惊，目送着老人离去。老人走了将近一里路，又返回桥上，对张良说："孺子可教啊，我可以把本事传给你。五天之后天亮时分，你到这桥头来见我。"张良感到很奇怪，但还是恭敬地答应了老人的要求。五天之后天亮时，张良到桥头去。老人已经等在那里了，他非常生气地说："你跟老年人约会，为什么来迟了？五天之后早点来相会。"说完就走了。五天之后鸡叫时分，张良就到了。老人又已经等在那里了，他又非常生气地说："为什么又来迟了？五天之后再早点来。"五天之后，张良不到半夜就到了那里。过了不久，老人缓步走来。他高兴地说："就应该这样。"老人拿出一本书，说："你读完它，就可以成为帝王之师了。今后十年你将建立一番事业，十三年后你将在济北见到我，那里谷城山下的黄石就是我了。"说完老人就离开了，再没有说别的话。这位老人就是传说中的隐士黄石公。张良异常惊喜。第二天，张良看那本书，原来是《太公兵法》。张良觉得很惊奇，反复地诵读它。后来张良运用所学，辅佐汉高祖刘邦，运筹帷幄，为汉代建国立下了汗马功劳。大家非常熟悉的鸿门宴，就是张良帮刘邦脱身的。后来刘邦在评价张良的时候说："夫运筹帷幄之中，决胜千里之外，吾不如子房。"可见张良在汉高祖心中的地位。

正是张良对老人的尊重与忍让，他才得到了老人的青睐。当初遇到老人时，他如果不能忍耐、谦虚、恭敬地帮老人去做那些看起来令人十分恼火的事，也许就通不过老人对他的考验，也就很难有后来的成就。

古人骑马或坐车时见到长辈，一定要下马或下车行礼问候，并等长辈离开约百步之后，才可以离开。如果在马上或车上不下来，即使行了礼或打了招呼，那也是很不恭敬的。当然，现在已经没有那么多讲究了。如果你在车上看到长辈，立即下车行礼，可能就会影响交通，警察叔叔也可能会找你麻烦。但对长辈的那份恭敬心却不能少。例如，长辈到你家里，虽然你正在忙，但你也必须起立向长辈问好，端茶倒水，这是最基本的礼仪。长辈临走的时候，除了说"再见"，你一定还要送送长辈。如果我们把客人送到门口，然后就把门"咣"地关起来，估计长辈的内心会有很多的想法。送长辈坐电梯时，一定等到电梯关门后才能离开，或者干脆坐电梯陪长辈下去。长辈要坐公交车或打的士，要目送他们安全地坐上车以后，才能挥手离开，这是对长辈最起码的尊重。

　　这些看起来很小的行为举止，其实就是文明礼貌的表现，它反映了一个人的内在修养。一个彬彬有礼、举止优雅、处处尊重他人的人，是充满魅力的，也是更容易被社会所接纳的。所以礼貌被称为人际交往中的一张名片和通行证。

十三

【原文】长者立，幼勿坐，长者坐，命乃坐。

尊长前，声要低，低不闻，却非宜。

【译文】与长辈同处，长辈站立时，晚辈应该陪着站立，不可以自行就座，长辈坐定以后，吩咐坐下才可以坐。与尊长交谈，声音要柔和适中，回答的音量太小让人听不清楚，也是不恰当的。

孟子说："不以规矩，不能成方圆。"规矩是每一个人都要遵守的行为规范。一个社会如果没有规矩，就会失去秩序，陷入混乱。古代，大到政治、外交，小到百姓的日常社交礼仪，都有着非常详细且严格的规矩。比如晚辈在尊长面前除了要谦恭礼让、彬彬有礼外，还在衣着容貌、行为举止、言语辞令等方面也要遵循一定的规矩，符合相应的社交礼仪，否则就会"失礼"。

曾子（前505—前435），原名曾参，与其父曾点同为孔子的弟子，是儒家学派的重要代表人物。曾子积极推行儒家主张，传播儒家思想，与孔子、孟子、颜子、子思比肩，被称为五大圣人，被后世尊奉为"宗圣"。曾子性情沉稳，为人谨慎，待人谦恭，还非常孝敬父母。大家熟悉的《二十四孝》中的"啮指痛心"中的主人公就是曾子。

"曾子避席"出自《孝经》，是一个非常著名的故事。曾子跟着孔子求学的时候，有一次孔子闲坐在家，他侍奉在身旁，孔子问他："先前的圣贤之王都拥有至高无上的德行和精要奥妙的理论，用来感顺天下的百姓，民众能和睦相处，君王和臣下之间也没有不满，你知道其中的缘故吗？"曾子听了，就明白老师这是要指点他最深奥的道理，于是立刻从坐着的席子上站起来走到席子外面，恭恭敬敬地回答："我不够聪明，还不能知道这个问题的答案，请老师将这些道理传授给我吧。"孔子看到曾子很谦恭地起来请教，就告诉他说："前边所讲的至德要道，就是孝道。这个孝道，就是德行的根本，教化是从中产生的。你先回原来的位置上，我慢慢告诉你。"

在这里，曾子的行为就体现着一种礼仪规范。曾子一开始席地而坐，当他听到老师要向他传授知识时，他便站起身来，走到席子外非常恭敬地向老师请教，这是他对尊长的极大尊重。孔子也因他勤奋好学，不仅倾心相教，而且在临终前将他的孙子子思托付于曾子。后来曾子的这个故事广为流传，大家都向他学习礼仪。

也许，有人说古人的那些繁文缛节现在已经不适用了，今天的我们已经没有那么多的讲究了。的确，现代的很多礼仪礼节已经没有古代那样严苛了，但有些规矩不仅在古代适用，今天也仍然应用于社会中。比如，长辈还站着的时候，晚辈是不能旁若无人地先行坐下的；家里来了客人或长辈，一定要起身迎客，千万不要表现得事不关己；有长辈的场合不要表现得过于放肆，不要总是以自我为中心，也不能随意地打断长辈间的谈话，更不能没大没小地颐指气使。有的孩子，生性活跃顽皮，去别人家做客，一进屋还没等长辈发话，就摸摸这，看看那，开始乱翻东西，看到好玩的就玩，看到好吃的就吃，这是非常没礼貌的。另外，在长辈面前，说话的声音不能太大，也不要让长辈听不清楚。言谈举止是一个人修养的外在表现，说话其实也是一门艺术。有的孩子嗓门很大，声音很刺耳，让人听着不舒服。当然，如果声音很小，支支吾吾，不够大方，让人听不清楚，也让人难受。在与长辈交谈时，表达要清晰，语气也要柔和，不能过于急躁。凡事要适中，不能过也不能不及。现在很多孩子对于说话的分寸，什么时候该说，什么时候不该说，该说什么，不该说什么，把握总是欠火候。往往几个小伙伴碰在一起，不管什么场合，也不管长辈是否在场，吵吵闹闹，大吼大叫。这些都是没有礼貌的表现。我们一定要有则改之，无则加勉。

与人相处，必要的礼仪规范可以帮助我们正确把握人与人之间的交往尺度，处理好人与人之间的各种关系，也可以帮助我们塑立良好的形象，从而在这个社会中游刃有余。言辞不当，举止失范，失礼于人，就很难获得他人的认同，也必然会影响到正常的人际交往，甚至会带来工作、事业上的不便。子女对待父母等长辈，应当以尊重为先，同时也要认真对待细微之处。一个人有无修养，对长辈是否真正有恭敬之心，从日常生活细节中便可看得清楚。跟长辈相处，要遵守一定的规矩和礼仪，言谈举止，待人接物，仪容表情；何时该坐，何时该立；什么时候该说，什么时候不该说；哪些话可以说，哪些话不该说；说多说少，说话的声音、语气，甚至肢体语言等，都要得体。

做大事，肯定要先从小事做起。人际交往，不论是朋友还是亲人，不论是长辈还是同龄人，都要遵循一定的规矩和礼仪。同时，必要的察言观色，也是不可少的。人生的每一步都得动动脑筋去好好揣摩。

十四

【原文】进必趋，退必迟，问起对，视勿移。

【译文】有事要到尊长面前，应快步向前；退回去时，必须稍慢一些才合乎礼节。当长辈问话时，应当专注聆听，眼睛不可以东张西望，左顾右盼。

在很多的古装片里，我们经常会看到这样的景象：大臣在朝堂上觐见皇上的时候是低着头、猫着腰、碎步疾走的，走路的姿势看起来有些怪，其实是大臣向皇上在行"趋礼"。趋，东汉刘熙的《释名》是一本用来训解词义的书，其中解释道："缓行曰步，疾行曰趋，疾趋曰走。"古代的"走"，本义是跑，而"趋"的速度就介乎现在的走和跑之间，相当于现在的小跑。趋礼是一种表示敬意的礼节，臣子对君主、学生对老师、晚辈对长辈、卑者对尊者常常会用到。

走路往往是最引人注目的身体语言。为什么"趋"就表示敬意呢？其实也很好理解。比如说皇帝要见你，你大摇大摆地慢悠悠地走过去，皇帝可能会想，你走这么慢是不是看不起我啊？如果是快速地跑过去，就显得不够庄重，而且古人穿长袍，也容易摔倒。另外，皇帝也容易产生特殊的想法，你这么着急跑过来，是想刺杀我吗？所以，走路不能太快，也不能太慢，就只能"趋"了。

《论语·子罕》记载："子见齐衰者、冕衣裳者与瞽者，见之，虽少，必作；过之，必趋。"孔子遇见穿丧服的人、当官的人和盲人时，即使他们年轻，也一定要站起来，从他们面前经过时，一定要快步走过去。孔子为什么要在这些人面前"必趋"呢？因为他对周礼十分熟悉，他知道遇到什么人该行什么礼，对于尊贵者、家有丧事者和盲者，都应礼貌待之。孔子之所以这样做，也说明他极其尊崇礼，并尽量身体力行，以恢复礼治的理想社会。孔子的儿子孔鲤有一次看到父亲独自站在庭院中，就"趋而过庭"，也就是快步走过去，孔子说："学《诗经》了吗？"孔鲤回答说："没有。"孔子叮嘱他说，"不学《诗经》就不会讲话啊。"另一天，孔子又独立院中，孔鲤又赶紧"趋而过庭"。孔子问："学《礼记》了吗？"孔鲤回答："没有。"孔子又教诲道："不学《礼记》就无法立足于社会啊。"孔子叫儿子要学习《诗经》和《礼记》，因为《诗经》中的知识包罗万象，当时人们在交往中常常引用，孔子认为不学《诗经》就不会说话，不学《礼记》就不懂礼，就会被人鄙视、厌弃，什么事也做不成，无法立足于社会。孔鲤两次看到父亲，都是"趋而过庭"，也就是快步走向孔子，接受父亲的教育，足见其对师长的敬重。后来，"孔鲤过庭"的故事，用来指子女、学生接受家长、老师的教诲，而"鲤庭"则被看做尊长或老师施教的场所。

当然，现代的行走礼仪，虽然与古代相比已大不同了，但我们常说"站有站相，坐有坐相，走有走相"，也就是你的站姿、坐姿，包括走路的姿态，都是很有讲究的。俗话也说"站如松，坐如钟，行如风"，意思就是站着要像松树那样挺拔，要收腹挺胸，而不能东倒西歪、弯腰驼背，否则就会显得不雅观；坐着要像座钟那样端正，千万不要坐成"葛优躺"，那就太不端庄稳重了；走路要像风那样快而有力，要协调稳健、轻松敏捷，不要一摇三晃、左摇右摆的，那样不仅不好看，也容易导致腰酸背痛、小腿粗胖。一个人的行为举止是其自身素养的一种外在反映，正确优雅的言行会让你更容易得到社会的认可。这就要我们平时有意识地锻炼自己，养成良好的行为举止，做到站有站相、坐有坐相、走有走相。

见过长辈后，我们还要注意，长辈没有离开，我们也要少安勿躁，不要转身就走，那样也是没有礼貌的。当长辈或老师问你问题时，你要站起来回答问题。就如同学们在课堂上，对于老师的提问，不仅要举手，在得到老师的示意后，方可起立回答，否则大家都抢着回答，老师也听不清楚众人的答案，整个课堂就会混乱不堪。和尊长说话的时候，眼睛看着对方的眼睛，不要随便移来移去的。我们常说眼睛是心灵的窗口，人的视线活动方式，往往反映出一个人的心态。一般来说，那些目不转睛注视着谈话者的人，态度较为诚恳。而那些目光漂浮不定、游移闪烁的人，给人一种心不在焉、不够稳重的感觉。如果一个人的眼睛没有生理上的问题，却总是斜着眼睛看人，就会引起对方这样想：他为什么斜着眼看我，是看我不顺眼还是看不起我呢？容易引起误会。所以，与人交谈的时候，要让对方看到你眼睛里的真诚、友善，这样更容易得到大家的认同。

中国人处处讲礼，推崇的是"礼多人不怪"的思想，中国人也以彬彬有礼的风貌而著称于世。人际交往中必须尊重对方的人格尊严，尊重是礼仪的感情基础，"敬人者人恒敬之"。在与人交往时不妨放低些姿态，谦恭待人，以赢得他人的尊重。并且尊重他人也不能只是外在的礼貌或礼节，而是要"诚于中，形于外"，只有发自内心的尊重，我们的行为举止才会自然得体，礼节也不至于成了套路，只看到行，而看不到心。

十五

【原文】事诸父，如事父，事诸兄，如事兄。

【译文】对待叔叔、伯伯等尊长，要如同对待自己的父亲一般孝顺恭敬。对待同族的兄长，要如同对待自己的兄长一样友爱尊敬。

《论语》中孔子思想体系的核心是"仁"与"礼"。樊迟问老师什么是"仁"，孔子的回答很简单，就是要"爱人"。孔子把"仁"作为人的最高道德原则、道德标准和道德境界。孔子在建构仁学体系时，要求整个社会以血缘宗法为基础。"仁"首先表现的是父母和子女之间的爱，也就是父慈子孝的亲子之爱，而在父慈和子孝之间，孔子更重视孝，强调孝是仁的基础。有子曰："君子务本，本立而道生。孝弟也者，其为仁之本与？"翻译成白话文，就是：君子行事致力于根本，根本确立了，治国、做人的原则也就有了。孝顺父母、遵从兄长，这是仁的根本吗？《弟子规》这本书的内容是根据《论语》中的"弟子入则孝，出则弟，谨而信，泛爱众，而亲仁。行有余力，则以学文"

为中心展开的，从这句话中可以看出孔子的仁爱思想有一个逐步推广的过程。先爱父母亲，然后爱身边的人，再去爱社会上所有的人，最后爱其他生物，爱草木虫鱼，爱动物植物，从而上升到对宇宙人生普遍的爱的高度，也就是我们今天所说的"博爱"。所以，孔子所讲的仁爱，是有先后之别、亲疏之分的，是像波浪一样一层一层推广出去的。

人是一种社会性的动物。在我们成长的道路上，除了父母、兄弟姐妹对我们无私的关怀与付出外，总还免不了叔叔伯伯、七大姑八大姨、堂兄妹、表兄妹等亲人以及老师、领导、朋友等的帮助、扶持，甚至是有些根本就和你毫无关系的人对你的付出。俗话说"滴水之恩当涌泉相报"，对于关心或帮助过你的人要懂得回报，有这样的态度的人才能更容易得到大家的认可，人生的道路也会越走越宽。

妈祖是我国东南沿海、东南亚和海外华人尊崇的海神。妈祖是北宋时福建莆田湄洲岛人，真名林默，又称默娘。她秉性聪慧，过目成诵，长大后行善济人，矢志不嫁。平素精研医理，为人治病，教人防疫消灾。有一年莆田瘟疫盛行，妈祖教大家用菖蒲煎水饮服，逐渐控制住了疫情。默娘性情和顺，热心助人，常常为乡亲排难解纷。古代由于科技不发达，出海是非常危险的一件事，她的哥哥就死于海难。后来，默娘为了避免更多的人遭遇哥哥那样的悲剧，经常冒着危险去救助那些过往的船只。有一次，天气突变，狂风大作，所有的航标全部失灵，人们一下子失去了航行的目标。默娘为了解救乡亲们，毫不犹豫地把自己家的房子点着了，熊熊大火让乡亲们都找到了航向，最后都得到了救助。默娘在28岁那年因救人而遇难，由于她的慈悲和大爱，善良的人们不愿相信她死了，而是升天为神了，还为她修了祠堂加以纪念。经过历代皇帝的崇拜和褒封，逐渐形成了影响至今的妈祖文化，为民称颂，世代流传。今天，妈祖信仰还入选了联合国教科文组织人类非物质文化遗产代表作名录。

林默娘之所以能被大家推崇，被尊为"妈祖"，奉为神明，就在于她的那颗博爱的心。她并非只看到自己和亲人的利益，而是对一切需要帮助的人救急扶危，济险救溺，泽被一方，由人成神，为世人所敬仰。

孔子所设计的理想世界，就是大同世界。在这个社会中，人人友爱互助，家家安居乐业，没有差异，没有战争。"故人不独亲其亲，不独子其子，使老有所终，壮有所用，幼有所长，矜、寡、孤、独、废、疾者皆有所养，男有分，女有归。货恶其弃于地也，不必藏于己；力恶其不出于身也，不必为己。是故谋闭而不兴，盗窃乱贼而不作，故外户而不闭。是谓大同。"（《礼记·礼运》）人们不单亲爱自己的亲人，同时也亲爱他人的亲人；不只爱护自己的子女，同时也爱护他人的子女。这使老年人能福寿至终，壮年人各有所用，而不游手好闲，幼年人有所教养成长。并且老而无妻者、老而无夫者、老而无子者、残障疾病者，都能得到最妥当和最关切的照顾。男子做适当的工作，女子有良好的归宿。物质生活非常丰足，任人享用，但不让它们随便浪费。凡是资源都好好保藏，且不占为己有，不坐享其成。人人各司其职，各尽其力，却不是自私为己。所以一切私心小智和阴谋诡计永不发生。一切抢劫偷盗、乱贼暴徒永远绝迹。人外出或夜晚睡觉，不关门也安然无事。这便是大同世界。而孟子说："老吾老以及人之老，幼吾幼以及人之幼。"这与孔子的大同世界的思想是一脉相承的。这无疑是我中华民族长期一贯的传统博爱思想，理应发扬光大。

侍奉自己的亲人是孝，能侍奉别人的亲人则是大孝。每个人不仅善待自己家的老人，同时也能善待别人家的老人，那么我们的父母也能受到别人子女的尊敬和爱护。孝，不仅仅局限于血缘关系，而是对所有老人的关怀；爱，也不仅仅局限于亲情之间，而是对所有孩子的呵护。这就是博爱。

第二章　谨信

一

【原文】朝起早，夜眠迟，老易至，惜此时。

【译文】清晨应早起，晚上也应晚点儿睡。一个人很容易就老了，要珍惜现在的宝贵时光。

"盛不过三代"是大多数官宦之家很难逾越的魔咒。而曾国藩的曾氏家族却英才辈出，历经百年而不衰，出现了像曾纪泽、曾纪鸿、曾宪植、曾宝荪等一代代杰出人物，很大程度上是受益于曾国藩为他们提供的一套切实可行的修身、治家、建业、处世的良方。曾国藩提出一个家庭的兴衰主要看三个地方：第一看看子孙睡到几点，假如睡到太阳都已经升得很高的时候才起来，那代表这个家族会慢慢懈怠下来；第二看看子孙有没有做家务，因为勤劳、劳动的习惯影响一个人一辈子；第三看看后代子孙有没有在读圣贤的经典，"人不学，不知义，不知道"。

一个家庭的兴旺，原因是多方面的。首先需要的是一个人的勤勉与付出，要有一种吃苦耐劳的精神。年轻人如果没有接受过良好的教育，每天睡到太阳晒屁股都不肯起床，从小娇生惯养，只会吃喝玩乐，是很容易败掉家业的。所以中国自古就有"富不过三代"的俗谚。人这一辈子，不管你能活多久，首先睡眠的时间就占去了三分之一。我们每天要洗脸、刷牙、吃饭、如厕、洗衣，"洗手的时候，日子从水盆里过去；吃饭的时候，日子从饭碗里过去；默默时，便从凝然的双眼前过去。我觉察他去的匆匆了，伸出手遮挽时，他又从遮挽着的手边过去，天黑时，我躺在床上，他便伶伶俐俐地从我身上跨过，从我脚边飞去了。等我睁开眼和太阳再见，这算又溜走了一日。我掩着面叹息。但是新来的日子的影儿又开始在叹息里闪过了"（朱自清《匆匆》），我们还要花大量的时间在休闲娱乐、看电视、上网、刷微博、看朋友圈，这些时间又是人生的三分之一。扣除这两个三分之一，我们这一生还剩下多少时间来学习和工作，来陪伴家人、孝敬父母呢？所以我们常常感慨时光如梭、光阴似箭，我们也常常看到"少壮不努力，老大徒伤悲""黑发不知勤学早，白首方悔读书迟"等珍惜时间的诗句。确实，不好好把握光阴及时努力，人很容易就老了。

宰予（前522—前458），字子我，亦称宰我，春秋末鲁国人，孔子著名弟子，"孔门十哲"之一。宰予思想活跃，好学深思，善于提问，而且他的言辞美好，说起话来娓娓动听。起初，孔子很喜欢这个弟子，以为他一定很有出息。但就是这样的一个学生，也曾让温文尔雅的孔夫子大发脾气，骂出了一句很难听但又很经典的话。一天，孔子给弟子们讲课，发现宰予没有来听课，派人一找，发现宰予居然大白天在房里睡大觉。孔子生气地说："朽木不可雕也，粪土之墙不可圬也！"孔子又说：

"起初我对于人，听了他说的话就相信他的行动；现在我对于人，听了他说的话却还要观察他的行为。在宰予这里我改变了观察人的方法。"

宰予大白天不好好学习，居然去睡觉，孔子有种恨铁不成钢的感觉，严肃地批评他为"朽木""粪土"。古时因为没有电灯等照明设施，所以人们普遍遵循"日出而作，日落而息"的作息时间，晚上可以用来学习、工作的时间就很有限，却可以利用长长的黑夜来好好休息，第二天又能以饱满的精神状态投入到更好的学习和工作中。所以，孔子认为白天时光短暂，应该努力奋发。因此，他对宰予白天睡觉非常反感，并严加斥责，实际上也表明了孔子对光阴的珍惜。同时这也可以让我们更好地理解"朝起早，夜眠迟"的含义。早上起得早一点，晚上睡得迟一点，都是为了有更多的时间用来工作和学习啊。

现在很多年轻人普遍睡觉的时间都比较迟，夜猫子也很多，这样得不到充足的睡眠，第二天在学习和工作中没有精神，效率也不高。中医认为，睡眠和饮食一样至关重要，是人体的必需品。在所有的休息方式中，睡眠是最理想、最完整的休息。良好的睡眠能消除疲劳，恢复体力；保护大脑，恢复精力；增强免疫力，康复机体；促进儿童生长发育；延缓衰老，促进长寿。一般8—12岁的孩子每天需要睡眠10个小时，13—17岁的青少年则需要9个小时，成年人7—8小时就足够了。而最佳入睡时间是晚上9—10点，不要超过11点，早晨5—6点钟起床为好。依据《黄帝内经》的睡眠理论，夜晚应该在子时以前（21—23点）上床，在子时（23点到凌晨1点）进入最佳睡眠状态，此时最能养阴，免疫系统自我修复的能力最强，睡眠质量也最高，往往可以起到事半功倍的效果。若子时过后仍不睡觉，就容易损阴耗津，易导致免疫力下降从而诱发疾病。凌晨1—2点肝脏为排除毒素而活动旺盛，应让身体进入睡眠状态，让肝脏得以完成代谢废物的作用。如果这个时间还不睡觉，体内的毒素容易淤积，对身体造成损伤。长时间熬夜，就算是睡足 8 小时，几年下来容易内分泌失调，生理时钟也会乱掉。所以我们不仅要保持充足的睡眠时间，而且要有规律，千万别让身体负荷过度，那真的是得不偿失。否则就是"老易至"，所以我们更应该"惜此时"。

二

【原文】晨必盥，兼漱口，便溺回，辄净手。

　　　　冠必正，纽必结，袜与履，俱紧切。

　　　　置冠服，有定位，勿乱顿，致污秽。

【译文】早晨起床后，务必洗脸、刷牙、漱口。大小便后，要立即洗手。要注重服装仪容的整齐清洁，戴帽子要戴端正，衣服扣子要扣好，袜子穿平整，鞋带应系紧。衣、帽、鞋、袜都要放置定位，以免造成脏乱。

　　在个人卫生、衣着、动物归原等生活起居的细节方面，很多时候，特别是公共场合，不仅仅是你个人的私事，还表现为社交的礼仪，也得谨慎小心。

　　在睡了一晚以后，口腔或身体里有很多的代谢废物需要我们去清理。

所以，大清早洗脸、刷牙、漱口是必须做的，否则，嘴里臭烘烘或蓬头垢面，不仅不雅观，也是对别人的不尊重，还容易生病。如果饭前便后不洗手，细菌就会停留在手上。吃东西时，细菌则会通过手连同食物一道进入体内而导致生病。俗话说的"病从口入"，就是这个道理。所以，每一个人都要记住，饭前便后一定要洗手。而且洗手也要讲科学，不要随便用水一冲手就算完事，这样做起不到消灭病菌的作用。最好是抹上肥皂或洗手液，并认真地搓洗。因为肥皂或洗手液含碱性，会起到杀菌的作用。

现代生活中，穿着打扮已成为一个人仪表中非常重要的一个组成部分，而且越来越成为礼仪的一个重要部分。甚至可以毫不夸张地说，一个人的穿着打扮就是他教养、品位、地位的最真实的写照，是一个人的内在美和外在美的一种表现。衣着打扮有着很多的礼仪规范，比如要符合一个人的身份，男人穿得要像男人，女人穿得要像女人，孩子穿得要像孩子，老人穿得要像老人。否则在中国，一个男人穿着一条裙子，那就容易让人产生一种不太好的联想。另外，在不同的场合就要穿不同的衣服，比如正规的社交场合和休闲旅游时的服装会体现出不同的个性，千万不要在正规的社交场合穿着背心、短裤、人字拖鞋，这会给人一种不务正业、不庄重的感觉。另外，在正规的社交场合，着装除了端庄整洁，符合身份、年龄、体型和环境外，还有一些细节要注意。比如帽子戴端正，纽扣扣准确，千万别让第二排的纽扣扣到第四排去，这样整件衣服就会显得歪歪斜斜，不太雅观。我们还要注意鞋子是否合脚，颜色与衣服裤子是否搭配。袜子大小是否相宜也很重要，太大时就会往下掉，或者显得一高一低。尤其是女士，长筒袜的长度一定要高于裙子下部边缘，否则或走或坐，露出一截腿来，就很不雅观了。这些都是社交礼仪的一部分。

我们常说以貌取人是不对的，但服装除了保暖和遮羞这些最基本的功能外，在社交活动中，人们可以通过服饰来判断一个人的身份地位、内在涵养和审美趣味。服饰还可以起到提升一个人的仪表、气质的作用。所以，服饰是每个人内在美和外在美的统一。我们要掌握服饰打扮的礼仪规范，让和谐、得体的穿着来衬托自己，以获得更高的社交地位。

王安石（1021—1086），北宋著名的政治家，唐宋八大家之一。王安石虽有很高的才情，却也是出了名的"怪人"。在生活中，王安石不修边幅，可以长时间不换洗衣服，好多天不洗脸漱口，也不洗澡，脸上结着一层厚厚的泥灰。他的衣服经常沾满了污渍，却常年懒得换洗，身上居然长出了虱子。有一次，王安石去见皇帝。结果虱子趴在了衣领上，被皇帝看个正着，尴尬不已。唐宋八大家中的另一位苏洵老先生在《辨奸论》中写道："脸脏了不忘洗脸，衣服脏了不忘洗衣，这本是人之常情。现在他却不是这样，身穿奴仆的衣服，吃猪狗的食物，头发蓬乱得像囚犯，表情哭丧着像家里有人去世，却在那里大谈《诗》《书》，这难道说是人的真实的心情吗？凡是办事不近人情的，很少不成为大奸大恶之辈。"虽说这种以人的生活习惯、外貌衣着和个别缺点来判断其政治品质的逻辑，是非常错误的，但衣冠不整、蓬头垢面、不讲卫生，总是很难被大家接受的。《宋史》中还记录了一则小故事：王安石任扬州太守幕僚时，经常通宵读书，累了就打个盹。一次，读书读得过了"应宿"时间，匆促间没有梳洗就冲进了衙门。太守韩琦见王安石这般模样，以为他一夜纵情女色，并告诫他："年轻人应该利用大好时光多读书。"由此可见，养成良好的卫生、衣着习惯是多么的重要。

另外，我们在用了东西后，要记得放回原处，这就是"动物归原"。

下次使用，就知道去哪里拿，这样可以节省时间，提高效率。如果把衣物或其他东西用过之后随手乱扔，时间一长，就很容易被灰尘或其他的脏东西弄脏，而且可能很难一下子找到了。"动物归原"告诉我们，做事要有条不紊，有始有终，这样才能形成一种良好的生活习惯。

三

【原文】衣贵洁，不贵华，上循分，下称家。

【译文】穿的衣服贵在整洁，而不在于华丽。衣服要符合自己的身份及场合，还要和自己的家庭条件相称。

　　爱美之心，人皆有之，穿衣服是我们生活中很重要的一件事情。一套得体的服装，不仅能提升你的外在形象，更能显示出你的气质与风度。

　　我们平时穿衣服，除了整洁大方、符合身份及场合外，还要考虑家庭的经济承担能力，不必非得追求名牌、奢华。现在有的孩子出于盲目从众、攀比的心理，一味地追求名牌、时尚，把时间过多地花在了衣着打扮上，这样外表看起来光鲜亮丽，却忽视了内在的修养，不仅让父母承担过重的经济压力，最终也可能因肚里空空而成了金玉其外、败絮其中的"绣花枕头"。

　　李泽钜和李泽楷作为前亚洲首富李嘉诚的儿子，应该说是含着"金钥匙"出生的，但小时候的他们却很少有享受奢华生活的机会。小哥俩在香港圣保罗小学上学，在这所顶级名校里，绝大部分孩子身着名牌，而且是名车接送，可他们却总是穿普通的衣服，还经常和爸爸一起挤电车上下学。两个孩子很不解，问父亲："为什么别的同学都有私家车专程接送，而您却不让家里的司机接送我们呢？"李嘉诚笑着解释："在电车、巴士上，你们能见到不同职业、不同阶层的人，能够看到最平凡的生活、最普通的人，那才是真实的生活，真实的社会；而坐在私家车里，你什么都看不到，什么也不会懂得。"和学校里那些满身名牌、大手大脚花钱的同学们相比，兄弟俩一度怀疑自己的父亲是不是真的像大家说的那样富有。不仅如此，李嘉诚还鼓励两个孩子去勤工俭学，自己挣零花钱。李嘉诚曾说他的成功源自小时候的国学启蒙，他要求儿子能知书达礼，明白谦虚、诚实等做人的基本道理，绝不允许他们像其他的富家公子那样目空一切，所以经常拿出随身带着的《老子》《庄子》等书，逐字逐句地讲解给他们听。时间一长，兄弟俩牢牢记住了那些做人准则，比如诚实、信义、仁爱等。李嘉诚平时严格要求自己，生活中也是克勤克俭、不求奢华，但对社会的捐赠却经常是大手笔的。都说父母是孩子最好的老师，正是得益于父亲的教育，兄弟俩从小知书达礼、谦虚做人，也不贪图享受，甚至把通过做杂工、侍应生辛苦赚来的钱，拿去资助有困难的孩子。从李泽钜和李泽楷长大后的成功可以看出，无论作为商人还是父亲，李嘉诚的教育无疑都是非常成功的。

在子女的教育上，很多有识之士越来越注重培养孩子的艰苦奋斗精神，树立勤俭节约意识和对家庭及社会的责任感，使其具有远大的理想和为实现理想而奋斗的精神。我们常说"穷人的孩子早当家"。在艰苦环境中长大成人的孩子与在优裕环境中长大的孩子相比，成才比例反而更高。因为很多在优裕环境中长大的孩子，他们想要的东西根本就不需要自己去奋斗，父母早就准备好了，衣来伸手，饭来张口，难免会骄横、娇气兼具，也容易养成懒惰、不肯吃苦的毛病，缺乏艰苦奋斗的精神，就像温室中的花朵一样，经不起风吹雨打。而在艰苦生活环境的考验、磨炼下成长的孩子，往往更能吃苦，也更勤奋，更具备为改变处境或命运而克服困难的意志品质。虽然环境并非一个人成长的决定性因素，顺境与逆境也是会互相转化的，但过分的安逸，孩子容易追求享受，意志薄弱，不懂得珍惜财物，反而不利于其成长。所以，对孩子进行艰苦奋斗和吃苦耐劳的教育，养成勤俭节约、艰苦朴素的良好品质，适当地节制孩子的物质欲望，培养孩子独立自强、为理想奋斗的品质是非常必要的。这样的孩子长大成人后，才会为了自己的理想、事业去拼搏、奋斗，开创出属于自己的新天地。

当代美国股神、世界著名富豪沃伦·巴菲特在他的遗嘱中把个人财富的99％用于慈善事业，只把1％留给了自己的孩子，并留给他们七条建议：第一，是人创造了钱，而不是钱创造了人。第二，生活要尽可能简单。第三，虚心听别人的话，但是不一定要按别人的话做，要做自己认为对的事。第四，远离信用卡，学会投资。第五，穿衣感到舒适即可，不要追求名牌。其他事情上也应如此。第六，不要把钱浪费在不必要的事情上，但是扶危济困十分有意义。第七，人的一生属于自己。为什么要把自己的一生交给别人安排，而不是自己做主呢？生活简单一些，靠自己去创造财富，这就是巴菲特留给孩子的忠告。

现在，随着生活水平的提高，孩子的衣服越来越多，而且越来越好。孩子之间喜欢攀比，但学校要求孩子统一穿校服，这样就杜绝了孩子间的盲目攀比，更是在培养孩子节俭的美德。孩子平时穿衣服，是否名牌真的并不重要，只要让人感觉整洁、淳朴、朝气、阳光就行，因为这也正是这个年龄段应该有的本色。特别是女孩穿衣服，一定要注意分寸，不能只为追求时尚，而穿得很妖艳暴露，这就给人很负面的感觉。孩子的衣服也不用太多，能替换过来就行，从小要以勤俭节约为美德。毕竟，评价一个孩子最重要的并不是他的外表，而是他的内在。

四

【原文】对饮食，勿拣择，食适可，勿过则。

年方少，勿饮酒，饮酒醉，最为丑。

【译文】日常饮食要注意营养均衡，不要挑食偏食。吃饭要适量，不要过量。未成年人不可以喝酒，一旦喝醉了，就容易丑态毕露。

现在人们的生活质量越来越好，吃的食品也越来越丰富，但有些孩子对饮食却非常挑剔，喜欢吃的就吃得毫无节制，不喜欢吃的碰都不会去碰一下。长此以往，不仅会营养不均衡，破坏身体机能，影响身体健康，而且会养成孩子的极端性格。

世界卫生组织提出健康有四大基石：合理膳食、适量运动、戒烟限酒、心理平衡。把合理膳食摆在健康基石的第一位，足见饮食对我们身心健康的重要性。人体所需的营养物质有许多，如糖类、脂肪、蛋白质、维生素、水、无机盐和膳食纤维等，而每种食物所提供的营养素是不一样的，因此挑食的孩子容易营养失衡，进而影响健康。如水占人体体重的 60%—70%，人体新陈代谢都离不开水。缺水的人细胞不饱满，皮肤不光滑。现在有的孩子爱喝碳酸饮料，不喜欢白开水。碳酸饮料中含有大量的二氧化碳，喝多了会腹胀，食欲下降，甚至胃肠功能紊乱。碳酸饮料中含有过多的糖分，长期饮用会引起肥胖，也容易导致血糖升高。营养学家指出，纯净的白开水是最好的饮料，最解渴，进入人体后可立即发挥新陈代谢功能，有调节体温、输送养分及清洁身体内部的功能，对身体健康最有益。

有的孩子无肉不欢，一顿没有肉，就觉得食之无味，长此以往，在不知不觉中就摄入了过多的脂肪，再加上运动少等不良生活习惯，逐渐肥胖，同时伴发胆固醇增高、脂肪肝等疾病。维生素是维持生命的要素。缺少维生素会导致代谢过程障碍、生理功能紊乱、抵抗力减弱，从而引发多种病症。

民以食为天，人生一大乐事就是尽情享受美食，但现在很多病却是吃出来的，就是饮食结构不合理、饮食时间不规律等造成的。所以，我们的日常饮食要注意营养均衡，避免偏食或饮食的单调，更要注意饮食的规律。中国营养学会推出了"中国居民平衡膳食宝塔"的合理膳食结构方案，即食物要多样，以谷类为主，多吃蔬菜、水果和薯类，常吃奶类、豆类或其制品，经常吃适量鱼、禽、蛋、瘦肉，少吃肥肉和荤油，这样才能保证人体所需的各种营养素。

除了营养均衡和用餐时间要规律外，进食分量也要规律起来。快节奏的生活让现在很多人习惯"早餐马虎，午餐应付，晚餐丰富"，这种做法其实对健康是非常不利的。我国素有"早餐要吃好，中餐要吃饱，晚餐要吃少"的说法。这是因为清晨是一天的开端，人们经过一夜的消化，体内食物已被消化吸收完毕，身体迫切需要得到能量补充，因此建议在

8 点前用早餐。而且早餐应吃好，多吃些高热量、高蛋白的食物。午餐是一日中最主要的一餐，经过半天的工作或学习后，体能消耗大，下午还有半天要继续工作、学习，身体需要大量的能量供给，故午餐应吃饱。晚餐后人们的活动量大为减少，因此晚餐要少吃，吃到七分饱就可以了，吃得太饱反而会加重身体的负荷，不利于健康。

不偏食、不挑食不仅是为了健康的需要，有时也能反映一个人的层次高低和内在修为。唐代笔记小说集《阙史》中记载，唐文学家郑浣一贯以勤俭朴素自律。他出任河南尹的时候，一个堂兄弟的孙子来求见。这个孙子在家务农，没见过什么世面。拜见时因举止粗俗、服饰土气，郑浣的子侄和仆人都嘲笑他，只有郑浣同情他，问他有什么要求。他说："我长期在家乡做百姓，能否让我做一名县尉，让我也体会一下衣锦还乡的感觉。"郑浣同意了。郑浣清廉的名声和端重的德行为世人所信赖，要办成此事只需写封信给郡守就行了。孙子赴任前郑浣召集子侄们会餐。席间食物中有蒸饼，孙子竟剥去饼皮，只吃里面的馅。郑浣见状非常生气，叹息道："皮和馅怎么就不同了？我曾忧虑于世风的不淳厚和生活的骄奢淫逸，考虑怎样才能返璞归真，敦厚风俗。我同情你穿破衣服靠体力种田的生活，想必你一定也体会到种田的艰辛，不料你的虚浮竟然超过诸侯贵族家的纨绔子弟。"说完让他将扔掉的饼皮捡起来。孙子惊慌失措，将饼皮捡起来递给郑浣，郑浣接过来全部吃掉，随后让他回了客房。最后送他五匹缣帛，打发他回老家去了。

一个靠体力生活的平民百姓，本应珍爱粮食，可他却只吃蒸饼的馅，扔掉了饼皮，如此挑食，实在不合其身份，也难怪郑浣如此生气。由此可见，挑食、偏食有时不仅仅是吃饭的问题，更能反映一个人的人品和素养。

另外，孩子也应远离酒精。因为孩子正处在生长发育期，身体各部及内脏器官还不成熟，酒喝多了对肝、肾造成损害，也会影响大脑发育，以致反应迟钝，记忆力下降，还可能出现失眠、多梦、幻觉等精神障碍类疾病，甚至会延缓、阻碍身体的正常发育。古语云"酒是穿肠毒药"，酒喝多了不仅影响身体健康，而且也容易失去自控力，导致行为失常、丑态毕露，甚至会出现酒后失德，做出一些荒唐的事来，醒来后可能悔之晚矣。

五

【原文】步从容，立端正，揖深圆，拜恭敬。

勿践阈（yù），勿跛倚，勿箕（jī）踞，勿摇髀（bì）。

【译文】走路时步伐应当从容稳重，不急不缓；站立时姿态要端正，须抬头挺胸，精神饱满。问候他人，作揖时要把身子躬下去，礼拜要认真恭敬，不能敷衍了事。进出门时脚不要踩在门槛上，站立时身体也不要站得歪歪斜斜的，坐的时候不可以叉开两腿，腿更不可以抖动。

在中华民族的礼仪要求中，站有站相，坐有坐相，走也有走相，这些都是对一个人行为举止最基本的要求。心理学家的研究表明：人际交往中的实际效果，只有约 20％ 的部分由语言所决定，而另外约 80％ 的部分则是由人的举止、姿势、体态等所决定的。

我们常常用风度翩翩来形容一个人举止优雅，行为潇洒超凡。其实所谓风度，指的就是优美的仪态。而仪态是人的姿势、举止、样子，如坐的姿势、走路的步态、站立的样子、对人的态度、说话的声音、面部的表情、一举手一投足、一颦一笑等。仪态作为一个人的第二语言，代表着一个人的知识、阅历、文化和教养。孔子曾说，"君子不重则不威"，意思就是君子不稳重就不会有威严。从这里可以看出，一个人的行为举止是何等重要。

大家非常熟悉的成语"鹤立鸡群"，出自《世说新语》。其主人公嵇绍，是魏晋之际"竹林七贤"之一嵇康的儿子。嵇康，三国时期曹魏著名思想家、文学家、音乐家。他不仅才学出众，性格耿直，而且长得一表人才，高大魁梧，很是吸人眼球。在政治上，嵇康对把持朝政的司马氏集团持不合作态度，后遭人陷害，被司马昭所杀。嵇康的儿子嵇绍，与他父亲一样，很有才华，长得也是高大威猛，仪表堂堂。他不管走到哪里，也都显得卓然超群。有时走在街上，很多粉丝还会情不自禁地跟着他走。有个人看到他后，对他父亲的好友王戎说："我今天在集市上看见嵇康的儿子嵇绍了。他高俊挺拔，站在众人间，真像一只高贵的鹤站立在普通的鸡群中一样。"王戎听了，回答说："你还没见过他的父亲呢。"由此可见，嵇康风度比儿子更胜一筹。

晋惠帝时，嵇绍官为侍中。后来，西晋皇族内部发生了"八王之乱"，嵇绍对皇帝始终非常忠诚。有一次打仗，有人持弩在宫中守卫，看到嵇绍，要拿箭射他，正好有一位统兵的将领，看到嵇绍姿貌不凡，怀疑他不是一般人，于是上前夺下箭，嵇绍才躲过一劫。后嵇绍跟随晋惠帝带兵打仗，嵇绍全力保护惠帝，不离左右，最后身中数箭而亡，鲜血溅到惠帝的战袍上。事后惠帝不让侍从洗去战袍上的血迹，以示对嵇绍的怀念与赞赏。

嵇绍长得一表人才，侍卫官也因他正气凛然的仪表，竟然下令不要用箭射他，可见一个人的行为举止是何等重要。后人就用"鹤立鸡群"比喻一个人仪表出众，品质、才能十分突出，明显高于一般人。

一个人的外在行为表现是他内在修养和素质的具体反映，我们走路、站立、坐着的样子其实也能反映出我们的修养和素质。

我们平时走路肩要平，身体直立，挺胸抬头，两眼平视前方，双臂放松在身体两侧自然摆动。行走的时候不匆忙，步幅轻盈、稳健，步履自然，有节奏感。走路时身体前俯后仰，或呈八字形走步，步子太大或太小，都给人一种不雅的感觉；走路时双手反背于身后，会给人以傲慢、呆板之感；走路时扭腰摆臀，左顾右盼，又会让人觉得轻佻，缺少教养。所以，走姿文雅、端庄，不仅给人以沉着、稳重、冷静的感觉，而且也是展示自己气质与修养的重要形式。

标准的站姿，从正面观看，全身应该是笔直的，而且精神饱满，两眼平视前方，两肩平齐，两臂自然下垂。从侧面看，两眼平视，下颌微微收起，挺胸收腹，整个身体庄重挺拔。良好的站姿，不仅美观，对于健康也是非常重要的。站立时，如果弯腰驼背、歪歪斜斜，身体倚靠在墙上，或者双腿叉开过大、双脚随意乱动，这些都显得很不庄重。

正确的坐姿要求立腰挺胸，上体自然挺直，双膝自然并拢，双腿正放或侧放，双肩平正放松，两臂自然弯屈放在膝上，也可放在椅子或沙发扶手上。坐着的时候切不可抖腿，民间有"男抖穷，女抖贱"的说法，而且也不雅观。另外，坐着的时候千万不要叉开双腿，尤其是女士。《论语·宪问》中孔子看到他的老朋友原壤"夷俟"，即"箕踞"，也就是叉开腿而坐，不禁勃然大怒，骂他："你幼时不孝顺，长大了没出息，老而不死，是为贼。"因为坐姿的不对，孔子就翻脸不认人，而且骂得如此难听。可见，生活中一些看起来十分细小的礼节，我们都要时刻注意。不要认为不拘小节没什么，其实这些都是一个人文明素质的体现。

一个人的举止是自身素养在生活和行为方面的反映，是反映现代人涵养的一面镜子。正确而有礼的行为举止，可以使人显得有教养，给人以美好的印象；反之，则显得粗俗失礼。

六

【原文】缓揭帘，勿有声，宽转弯，勿触棱。

执虚器，如执盈，入虚室，如有人。

事勿忙，忙多错，勿畏难，勿轻略。

【译文】进入房间时，揭帘子、开门的动作都要轻一点、慢一些，避免发出声响。在行走或转弯时，应小心，不要撞到物品。拿东西时要注意，即使是拿着空的器具，也要像里面装满东西一样慎重。进入无人的房间，也要像有人在一样，不可以随便。做事不要急急忙忙、慌慌张张，因为忙中容易出错。既不要畏苦怕难而犹豫退缩，也不可以草率，随便应付了事。

　　一个人做事情要沉稳、谨慎，戒急戒躁，三思而后行，每临大事有静气，才能在复杂事物面前游刃有余。遇事不冷静，毛手毛脚，鲁莽急躁，容易出乱子，反而离成功越来越远，因为忙中容易出错，欲速则不达。

我们生活在一个多元的世界中，一个人不可能只是个体的孤立存在，他必然会与社会或他人发生着千丝万缕的联系，所以在做事时不但要对自己负责，而且要考虑他人的感受。比如我们走进教室后，关门时的动作要慢，要先看看后面有没有人跟着，万一恰巧有同学跟在后面，你用力一关门，容易伤到同学。同时关门的声音也一定要轻，声音过大，可能会打扰到正在学习的同学。同理，无论是在公共场合还是在家中，搬动桌椅板凳，要记得将它们提离地面再搬动，因为直接在地板上拖动桌椅，容易发出刺耳的摩擦声，这样会对边上或楼下的人产生影响，容易让他人心生厌恶。所以，我们做事应谨慎、沉稳，动作宁可慢一点，轻一点，也不能因粗鲁而妨碍或影响到别人。做事时考虑他人的感受，这不仅是对他人的尊重，也是对自己的尊重。

我们走路的时候，遇到有棱有角或是有危险的地方，要远离，否则容易让自己陷入危险的境地。尤其是骑车或开车，转弯时一定要小心谨慎，速度要降下来。因为转弯处一般会出现视角的盲区，如果速度太快，特别容易发生事故。所以，做事不要太追求速度，宁可慢些，也要远离危险。同时，做事也不要太慌张，太匆忙了容易忙中出错。我们要分清事情的轻重缓急、先后顺序，这样才能从容不迫。曾国藩说："凡遇事须安详和缓以处之，若一慌忙，便恐有错。盖天下何事不从忙中错了？故从容安详，为处事第一法。"所以我们常说："每临大事有静气。"越遇到人生中的大挑战，越要保持冷静的头脑，戒焦戒躁。越是面临挫折、困难，越要把它当成一种锻炼，迎难而上，而绝不轻率随便地敷衍了事。做事不急于求成，但对于设定的目标只有坚持不懈，才有可能走向成功的彼岸。

我们做事时，还应该专注、细心，这样可以防范过失的发生。心不在焉或粗心草率，容易出状况，小心才能驶得万年船。另外，我们无论在何时何地、或明或暗，无论是在众人面前或一人独处，都要时时警惕，绝不可戴着假面具做人，当面一套，背后一套，人前装君子，人后做小人。人不亏心，心地自宽，一分诚敬得一分利益，德行的培养来自恭慎自守。清代金缨在《格言联璧·持躬》中言："内不欺己，外不欺人，上不欺天，君子所以慎独。"君子慎独，内外一致不欺人，凭自己的良知行事，德行就会日益美好，自然也会日益强大。

多年前，有个俄国的"无神论"学者。一天，他在某大会场向人们讲述上帝是绝对不可能存在的。为了证明他言之有理，他便用充满挑战性的语言高声说："上帝，假如你果真有灵，请你下来，在这广大的群众面前把我杀死，我们便相信你是存在的了！"他故意静静地等候了几分钟，当然上帝没有下来杀死他。他便左顾右盼地向听众说："你们都看见了，上帝根本不存在！"这时有一位妇人，头上裹着一条盘巾，站起来对他说："先生，你的理论很高明，你是个饱学之士。我只是一个农村妇人，不能反驳你，只想请你回答我心中的一个问题。我信耶稣多年，心中有了主的教诲，十分快乐；我更爱读《圣经》，越读越有味，我心中充满耶稣给我的安慰；因为信奉耶稣，人生有了最大的快乐。请问：假如我死时发现上帝根本不存在，我这一辈子信奉上帝，损失了什么？"学者想了好一会儿，全场寂静无声，听众也很同意农村妇人的推理，连"无神论"者也惊叹农妇单纯的逻辑，他低声回答："女士，我想你一点儿损失也没有。"农妇又向学者说道："谢谢你这样好的回答。我心中还有一个问题：当你死的时候，假如你发现果真有上帝，《圣经》是千真万确的，也有天堂和地狱的存在，我想请问，你损失了什么？"学者想了许久，竟无言以对。

其实，无论有无上帝，无论我们在何时何地，谨言慎行，心中充满爱，为人真诚、善良，拥有良好的德行，坚守道义，才是为人的根本。

七

【原文】斗闹场，绝勿近，邪僻事，绝勿问。

【译文】凡是容易发生争吵打斗的不健康场所，不要靠近，以免受到不良的影响。对于邪恶下流、荒诞的事也不要好奇地去过问。

　　著名史学家钱穆先生说："中国传统文化的核心思想就是礼。""礼"也是孔子学说的核心内容之一。孔子曾说："非礼勿视，非礼勿听，非礼勿言，非礼勿动。"告诫我们要遵守大家共同认可的道德规范和行为方式，要知道哪些事可以做，哪些事不可以做。对于赌博、色情、不健康的娱乐场所等容易让人迷失本性的是非之地，孩子绝对不要去接近，因为这些声色场所鱼龙混杂，一不小心就可能引诱你沉溺其中，染上赌博、酗酒、抽烟甚至吸毒等恶习，甚至会让你一失足成千古恨，所以一定要警惕。另外，喝醉了酒、赌输急红了眼，或者吸毒后出现了幻象，人就会控制不住自己的意志，从而做出一些打架斗殴甚至杀人放火的"非礼"行为。所以未成年人千万要远离这些不良场所，以免自己纯净的心被污染。

唐太宗非常注重对皇子们的教育，他在《诫皇属》中说："朕即位十三年矣，外绝游观之乐，内却声色之娱。汝等生于富贵，长自深宫。夫帝子亲王，先须克己。每着一衣，则悯蚕妇；每餐一食，则念耕夫。至于听断之间，勿先恣其喜怒。朕每亲临庶政，岂敢惮于焦劳？汝等勿鄙人短，勿恃己长，乃可永久富贵，以保贞吉，先贤有言：'逆吾者是吾师，顺吾者是吾贼。'不可不察也。"唐太宗告诫他的子孙后代须克制自己，当珍惜财物的来之不易；处理政务时，不可任凭自己的喜怒来裁断事物，要善于听取不同意见，这样才能做出英明决断，开创升平盛世。特别值得一提的是这篇家训的开头，唐太宗以自己勤勉政事为例，"外绝游观之乐，内却声色之娱"，言传身教，可谓用心良苦，令人深省。因为一位皇帝如果纵情声色，贪图享乐，那会荒废朝政、误国误民的，这样的例子不可谓不多。正如老子所说的"五色令人目盲，五音令人耳聋"，五光十色容易让人眼花缭乱，靡靡之音又会令人失去心智。所以我们不要被"五色""五音"这些欲望牵着走，特别是一些未成年人心智还不成熟，自控能力较差，到舞厅、酒吧等一些声色场所，抵制不了诱惑，最终堕落了，后悔就来不及了。毕竟环境对一个人的影响，还是非常大的。同时我们还要注意身边的朋友，因为"近朱者赤，近墨者黑"。如果交上不良之友，染上不好的习气，就会对成长带来负面影响。倘若被不良之友带着出入声色场所，或在不知情的状况下吸食了毒品等有害的东西，那就麻烦了，严重的会毁了自己的一生。

在互联网时代，我们每天可以在网络上接触到海量的信息，当然我们也不可避免地会看到许许多多的不健康的、荒诞不经的信息，影响着我们的视听，甚至影响到整个社会的风气。所以《论语》中说："子不语怪力乱神。"也就是说，孔子不谈怪异、暴力、变乱和鬼神。对于那些怪异、暴力、迷信、荒诞不经甚至是淫秽的不健康信息，我们要用智慧自动屏蔽过滤掉，以免受了蛊惑。

　　傅奕（555—639），唐初学者，精于天文历数。他提出了"生死寿夭由于自然"的唯物主义观点，并用儒家伦理道德为理论基础，坚决反对佛教。他认为那个时代有些佛教徒"讲妖书邪法，恐吓愚夫，骗取钱物。百姓通识者少，不察根由，信其诈语。乃追既往罪过，虚求将来的幸福。遂使人愚迷，妄求功德，不畏科禁，触犯法律。其身陷刑纲，还在狱中礼佛，口诵佛经，以图免其罪"。那个时代的科学不发达，封建迷信思想比较严重，有些佛教徒利用一些邪术，骗取百姓的财物，傅奕则给予了坚决的反击。一次，一个从西域来的和尚，擅长咒术，他宣扬自己的咒语能让人立即死去，又能让人活过来。如此的让人死去活来，轰动了天下，连唐太宗也感到不可思议，就挑选了几个强壮的骑士来做实验。结果，还真灵。傅奕知道后对唐太宗说："这是邪术。我听说邪不压正，您让他来给我念咒语，一定不会成功。"于是，傅奕和西域和尚就在皇帝主持下公开比赛。只见那位所谓的高僧念念有词，但傅奕纹丝不动。过了一会儿，只听"咕咚"一声，有人倒地。但令人意外的是，倒地的竟然是那位西域和尚。他身体僵硬，好像是被外物击倒，迟迟没有醒来。原来他是害怕自己的把戏被揭穿，故意躺下装死。

　　"生死寿夭由于自然"，人的生死，岂是几句咒语所能决定的？那些邪恶下流、荒诞不经的事，不听、不看、不问也罢，那些容易招致是非的不良场所，不入为上。这样，才能保持我们纯净的内心，避免飞来的横祸，健康快乐地成长。

八

【原文】将入门，问孰存，将上堂，声必扬。

人问谁，对以名，吾与我，不分明。

【译文】将要进门之前应先问有没有人在，不要贸然地跑进去。进入客厅之前，应先提高声音，让里面的人知道有人要进来。如果屋里的人问是谁，应该回答名字，而不能只说："是我。"这样让人不容易分辨到底是谁。

日常生活当中，在进别人房间前，不论里面有没有人，一定要养成先敲门的习惯，再问一句："有人在吗？"让房间里的人知道你要进去。这除了显示行为光明正大外，也是避免让人感到唐突，这是最基本的礼仪，也是对人最基本的尊重。假如我们问都不问，贸然推门闯入，万一里面的主人不方便，被你窥见了隐私，这就是对主人的不恭敬了，还有可能引起不必要的麻烦。知道了屋子里没有人，最好先不要进去，万一人家刚好丢了东西，那就很难说清楚了。

进门之前要先敲门，而且要注意敲门的力度和节奏。一般用手指的中间关节轻敲三下，节奏不要太快，也不要太慢，太快会让人感觉心烦，太慢会给人漫不经心的印象。敲门的力度应适中，力度太大会惊扰到别人，给人以粗鲁没有教养的感觉；力度太小又让人听不到，里面的人就不知道你的到来。敲门时千万不要用手掌或拳头使劲地敲，更不能用脚踹，好像要把人家的门拆下来一样，这样实在是太失礼了，房间里如果有老人或小孩，也容易被吓到。如果是门铃则轻轻按一下，如果没有反应，稍等片刻再重复一次，不要长时间地按住门铃不放，否则不断重复的"叮咚"声会让人心生烦躁之感，也暗含催促之意，是非常不礼貌的。现在门上一般装有"猫眼"，按完门铃后，要从开门者角度去考虑，调整好自己的位置，站在"猫眼"的正前方，不远不近，让屋内的主人通过"猫眼"就可以看清楚你的脸，知道是谁来了。如果主人来开门，见面后应热情向其问好，而且要等到主人招呼进门后方可进入。进门后，看到主人的家人也要向其问好，如有其他客人在场，也应打声招呼，问个好，这样才显得有礼貌。

汉代韩婴的《韩诗外传》中记载：一次，孟子的妻子在房间里休息，因为是独自一人，便无所顾忌地将两腿叉开坐着。孟子直接推门进去，一看到她这个样子，非常生气，因为古代将双腿叉开坐是不合礼法的。孟子便跑去告诉他的母亲说："我妻子不守礼法，请允许我把她休了。"孟母说："不是你的妻子没礼貌，而是你不守礼法啊。礼书上说：'将上堂，声必扬，将入户，视必下（将要走进房门，眼睛必须下视）。'这样可以使人在没有防备时，不至于措手不及。今天你单独去卧房，进屋时没有一点声音，使你的妻子不知道防备，这是你不守礼法，不是你妻子不守礼法啊。"孟子责备自己错了，不敢再说休妻了。可见，进入别人的房间之前，一定要先给人家一个提示，以免让人猝不及防，万一有不方便的事让你看到了，首先该尴尬的人应该是你。所以，进门之前一定要先敲门，得到许可才能进入。这是最基本的礼仪，每个人都要遵守，否则人家就会觉得你没有礼貌，得不到别人的尊重。敲了门后，里面的人也知道有人要进来了，但他可能还不能确定到底是谁要进来，也许会问："哪位？"这时你应该报上你的名号，而不是回答"是我。"万一对方一时分辨不出你的声音，如果再问一遍"你是哪位"的话，那就尴尬了。

打电话也一样，接通电话后，首先要问候，然后自报家门，向对方说明自己是谁。万一对方没听清楚再问是谁的时候，也不要只是回答"是我"，可以重新报一遍自己的名字。当然，接电话时如果想知道对方是谁，也不要生硬地问"哪位""你是谁"或"你找谁呀"，更不要一张嘴就毫不客气地查一查对方的"户口"，刨根问底地问人家"你是谁"或者"干什么"，这样一来，给人一种拒人于千里之外的感觉，让人家心里觉得不舒服。缺乏恭敬心，也是一个人素质不好的表现，容易给你在前行的道路上造成一些不必要的障碍。你可以说："请问您是哪位？"或者可以礼貌地问："对不起，怎么称呼您呢？"语气要有礼貌，容易让对方接受，然后就可以自然而然地聊接下来的话题了。每个人都希望别人以礼相待，有谁愿意同不懂礼貌的人打交道呢？所以，在接听电话时，一定要注意应有的礼貌。可以说打电话也是一门学问、一门艺术，其中也是大有讲究的。电话结束前，说一些"谢谢""打扰了"等礼貌用语，可以让对方的心里感觉舒畅，然后彼此客气地道别，说过"再见"后再挂电话，不可只管自己把事讲完了就挂电话。所以，接听电话要讲究必要的礼仪和一定的技巧，以免造成不愉快。当然，打电话时还要注意语音语调，音量和语速适中，表达清晰，热情大方，文明礼貌，会给双方都带来一个好心情。

九

【原文】用人物，须明求，倘不问，即为偷。

借人物，及时还，人借物，有勿悭。

【译文】借用别人的物品，一定要事先讲明，请求许可。如果没有事先获得许可，擅自取用就是偷窃。借来的物品，要及时归还。别人向你借物，有就不要吝啬。

我们常说，一个人良好的行为记录就是他的信誉和财富。行为端正，容易得到他人的尊重和社会的认可；品行不端，让人觉得你没有素质，容易为社会所唾弃。

日常生活中，我们总有缺这少那的时候，所以免不了相互求借，但在借用他人物品时，一定要先征得主人的同意，才能去取所借的物品，绝对不能"先斩后奏"，否则，容易让人误以为是偷东西。有的人"不拘小节"，以为和某人关系很好，甚至好到了不分彼此，有些东西就问都不问直接拿去用了，有零食不打招呼就先吃了，这是很没礼貌的行为。久而久之，别人就会认为你爱贪小便宜或手脚不干净，就不愿和你往来，甚至还会提防着你。所以，向别人借东西，无论关系怎样亲密，也一定要征得同意，不能自作主张，用了再讲，更不能未经主人同意就去乱翻别人东西。如实在有特殊情况，不得不先拿了别人的物品，也要尽快告知主人，免得别人四处寻找。向别人借东西，记得一定要说明归还的时间，并要信守承诺，准时归还，不要拖拖拉拉，更不可以借的名义而占为己有，那和偷也没什么两样。借了别人的东西，要懂得爱护，做到完璧归赵。东西用完后归还主人时，应请主人检查一下。万一不小心把借来的东西弄坏了，一定要向主人表示歉意，并主动提出赔偿。好借好还，再借不难；借了不还，再借就难了。

清代沈起凤的《谐铎》中记载：清初南昌有个人，父亲在京城里做国子监助教，他跟随父亲生活在京城。一天，他路过延寿寺街，看见一个年轻人在书店中点钱买《吕氏春秋》。正好有一枚铜钱落在地上，这个人就走过去用脚偷偷地踩住钱。等年轻人离去后，他就弯下腰把钱捡起来。旁边坐着个老翁，注视他很长时间，忽然站起来问这人的名字，然后冷笑两声就走了。后来这个人以上舍生（太学生的一种）的身份通过笔试和面试，得到了江苏常熟县尉的职位。他打点好行装，准备去上任，拿着名帖拜见上司。当时，汤潜庵正担任江苏巡抚，这人求见了十多次，巡抚都不见他。汤潜庵还让下属传下命令，让这人不必去赴任了，原因是他的名字已经写进了被检举弹劾的公文里了。这人大惑不解，便问弹劾他什么事。得到的回答是贪污。这人想，自己还没到任，哪来的赃款呢？肯定是搞错了，就急忙要面见辩解。下属将此事禀报了汤潜庵后，再次出来传话说："你难道不记得当年在书店里的事了吗？你当秀才的时候，尚且视一文钱如命；现在你侥幸当上了地方官，那你还不把手伸进人家的口袋里去偷，成为戴着乌纱帽的小偷吗？马上解任走吧，别使一县的百姓都痛哭！"这人才知道，当年问他姓名的老翁，竟是这位汤潜庵汤大人，于是非常羞愧地辞官而去。

一枚铜钱事虽小，但从这件小事中却可以见出一个人的真性情。拿了不属于自己的东西，就等同于偷，还未等上任就以"贪污"之罪被弹劾了下来，可谓是"自作孽，不可活"。这个故事警示我们，一个人要立足社会，首先要有良好的道德品质，否则的话只能自取其辱，落得个身败名裂的下场。

所以，无论钱还是物，你想借用，必须征得别人的同意，同意了之后你再用，这样才能让你们两个人都安心。现在有的人借钱的时候信誓旦旦说要及时归还，可结果却一拖再拖，最后干脆玩起了失踪。这样的人让人觉得没有可信度，下次再借可能就难了。我们要信守自己的诺言，绝不能编瞎话来骗人。如果某些人跟别人借钱老是被拒绝的话，自己就要好好分析一下到底是什么原因了。

现在我们非常强调个人的信用记录，也就是"征信"。其实"征信"一词在几千年前就出现了，《左传》中就有"君子之言，信而有征，故怨远于其身"的说法，意思是说君子说出的话，诚信确凿而有证据，因此怨恨和不满都会远离他的身边。随着现代征信系统的发展，从事经济活动的个人除居民身份证外还有一个"经济身份证"，也就是个人信用报告。现在我们去办贷款或者找工作，常常会被问到"信用记录"的问题，说的就是征信的事，用来证明你是否守信用。所以我们向他人借的钱物，一定要记得及时归还，以免在我们的个人"征信"上出现污点。有人说信用记录的好坏影响着你是否能办成事，以及花多大的成本办成事，所以我们要像珍惜自己的生命一样维护个人的信用记录。

　　一个人立身处世，必须清清白白，不可有贪心，有借必须有还，信字当头，而且要及时归还。如果有借无还，便是骗子。如果借东西是不告而取，则和小偷差不多了。

十

【原文】凡出言，信为先，诈与妄，奚可焉。

话说多，不如少，惟其是，勿佞巧。

刻薄语，秽污词，市井气，切戒之。

【译文】开口说话，诚信为先，答应他人的事情，一定要遵守承诺。至于欺骗别人或花言巧语地乱说，就更不应该了。话多不如话少，人应该谨言慎行。说话内容要实事求是，不要花言巧语。奸诈取巧的语言，下流肮脏的话，街头无赖粗俗的语气，都要避免，不去沾染。

　　诚信，是中华民族传统美德，是一个人立人、齐家、交友、营商以至为政之本。东汉许慎在《说文解字》中云："诚，信也。""信，诚也。"二者可以互训。其基本含义都是诚实无欺，信守诺言，这是做人的基本要求。许慎还说："信，从人从言。"古人云：言为心声，语从情发。我们须言行一致，表里如一，切忌满口大话、空话、假话。一个言不由衷、言行不一的人，肯定是无"信"之人。

"信"是儒家传统伦理准则之一，孔子把诚信视作人际交往中应该遵循的一条基本原则。"人而无信，不知其可也"，"与朋友交，言而有信"，讲的是人际交往中必须做到言而有信，说话算话。"信"是人际联系的纽带，没有了"信"，说话不算话，别人就会觉得你是个靠不住的人。"狼来了"的故事中，那个孩子视"信"为玩物，最后却害了自己。诚信好比我们的第二身份证，有了诚信的品质，我们就能获得别人的尊重和信任，才能在社会上游刃有余；失去了它，我们将很难得到社会的认可。

成语"一诺千金"，比喻自己说过的话，答应别人的事情，就如同千金般贵重，用来比喻说话算数，讲信用，言而有信，言出必行，说到做到。《史记·季布栾布列传》记载：秦朝末年，楚地有一个叫季布的人，性情耿直，为人侠义好助。只要是他答应过的事情，无论有多大困难，他都想办法办到，因此受到大家的赞扬。季布曾是项羽的部下，曾几次献策，让刘邦的军队吃了败仗。项羽兵败后，季布只能亡命天涯。而刘邦当了皇帝后，一直记恨着季布，就下令通缉季布。那些仰慕季布的人，都在暗中帮助他。不久，季布经过化装后到山东一家姓朱的人家当佣工。朱家明知他是季布，因敬佩他的为人，就冒着巨大的风险收留了他。后来，朱家又到洛阳去找刘邦的发小汝阴侯夏侯婴说情。刘邦在夏侯婴的劝说下，不仅不再通缉季布，还封季布做了郎中，不久又改任河东太守。

后人就用"一诺千金"形容一个人很讲信用，说话算数，季布也因"一诺千金"而流芳百世。一个人讲诚信，能获得大家的尊重和友谊，自然得道多助，在人生的大道上越走越宽。反过来，经常失信于朋友，朋友就会离你而去，失道者寡助，很难在社会上立足。所以说，诚信作为人的一种基本品质，是每个人的立身之本、处世之宝。

现实生活中，我们经常会碰到一些夸夸其谈、花言巧语的人，他们可能会给你很多的承诺，可这些承诺往往是空中楼阁，永远都不可能兑现。孔子提出"君子敏于行而讷于言"，崇尚质朴，反对花言巧语，主张说话应谨慎小心，言出必行，特别强调人应当言行一致，力戒空谈浮言，心口不一。这种务实态度和质朴精神长期影响着中国人，成为中华传统思想文化中的精华。所以，我们说话一定要谨慎，不轻易允诺，不轻易表态，"言必信，行必果"，一言九鼎，一诺千金。如果做不到，不如不说，否则就会失信于人，人的公信力也就降低了。我们绝不能做"语言的巨人，行动的矮子"。

我们平时说话还要注意，不要说虚伪骗人的话，也不要说肮脏下流、粗俗淫秽的话，因为这不仅关系个人的道德，更关系个人的素养。嘴里下流，人也不会高尚到哪里去。污言秽语不仅让人觉得俗鄙不堪、缺乏教养，更严重的是会给自己招致灾祸，因为祸从口出的道理大家都懂。我们总是喜欢和温文尔雅、文质彬彬的人打交道，对那些满口污言秽语、粗俗不堪之人则敬而远之。

十一

【原文】见未真，勿轻言，知未的，勿轻传。

事非宜，勿轻诺，苟轻诺，进退错。

【译文】任何事情在没有看到真相之前，不要轻易发表意见。对事情了解得不够清楚明白时，不可以随意传播。对不合义理的要求，不要轻易答应。如果轻易答应，就会使自己进退两难。

人与人相处，贵在相知。对于那些不是很有把握的事，我们不要轻易相信，更不要随便乱说或传播。否则就会人云亦云，或者以讹传讹。这样容易造成是非，不仅害人，也容易跟人结怨，从而害己，败坏自己的德行。

成语"三人成虎"出自《战国策》，讲的是战国时期，魏王派大臣庞葱与太子同去赵国都城邯郸做人质。庞葱担心自己走后魏王听信别人诬蔑他的话，于是在临行前特地到王宫里对魏王说："现在，如果有一个人说街市上有老虎，您相信吗？"魏王说："我当然不相信。"庞葱紧接着说："如果是两个人说呢？"魏王说："那我就要将信将疑了。"庞葱又说："如果增加到三个人呢，大王相信吗？"魏王说："我相信了。"庞葱说："大街上不会有老虎那是很清楚的，但是三个人说有老虎，就像真有老虎了。如今邯郸离大梁，比我们到街市远得多，而毁谤我的人超过了三个。希望您能明察秋毫，不要轻易相信。"魏王坦然地说："我知道该怎么办。"于是庞葱告辞而去，而毁谤他的话很快传到魏王那里。开始魏王不信，后来说庞葱坏话的人多了，魏王也就相信了谗言。后来太子结束了人质的生活，庞葱果真不能再见魏王了。

这个故事本来是讽刺魏王无知，后人用"三人成虎"比喻有时谣言也是会掩盖真相的。所以，判断一件事情的真伪，不能仅靠道听途说，也不能轻易地相信别人，必须经过多方面的仔细考察和思索，要以事实为依据，才能作出正确的判断。我们常说有人的地方就有是非。有的人就喜欢做长舌妇，搬弄是非，人们又往往有种"从众心理"，觉得大家都在传说某件事，那这件事一般来说就假不了，因为无风不起浪嘛。正是因为这种心理，于是好事不出门，坏事传千里。所以，我们不要轻易听信流言、传播流言，要有自己的判断和思考，让"流言止于智者"。

春秋时宋国有一户姓丁的人家，院里没有井，只能专门派一个劳力每天出门打水。等到他家院子里打好井之后，这家人就告诉外人说："我打井就如同得到了一个人一般。"听到了这话的人互相转告说："丁家人打井，挖出了一个人来。"大家都在讨论这件事，宋国的国君听说了，就派人去问丁家的人，怎么会有如此怪诞之事。丁家的人回答说："我的意思是说打了井就好比得到了一个劳力，不是说我从井里挖出了一个人啊。"

这就是成语"以讹传讹"的来历。这个故事告诉我们不要盲目轻信流言蜚语,对道听途说,要注意调查分析,否则会歪曲事实的真相,甚至让那些别有用心的人阴谋得逞。

人与人之间相互关爱,互帮互助,这是一种美德。但给人提供帮助的时候,我们首先要擦亮眼睛,看清楚你所提供的帮助是对是错。对于朋友提出的违法犯罪、伤天害理之事,不仅不能答应,还要加以劝阻和制止,以免错上加错。否则,一旦答应了别人的非分之请,做也不是,不做也不是。因为做了就是助纣为虐,违背自己的良心道德;不做又失信于人,没有信用,左右为难。所以,做出承诺一定要谨慎。"轻诺寡信"是为人处世之大忌。

刘义庆的《世说新语》中有一篇文章,讲的是三国时,华歆、王朗一起乘船逃难。途中有一个人想要搭船,华歆感到很为难。王朗说:"船里恰好还很宽松,为什么不同意呢?"后来作乱的人追上来了,王朗想要抛弃所携带的那个人。华歆说:"我当初之所以犹豫不决,就是考虑到这种情况了。既然已经接纳了他,难道可以因为情况紧急就抛弃他吗?"于是还像当初一样携带救助这个人。世人通过这件事来评定华歆、王朗的优劣。

王朗乐于做好事,实际上是在不危及自己利益的情况下的与人方便。一旦与自己的利益发生冲突时,就出尔反尔,只考虑自己,背信弃义。这样的人机巧善变,但有始无终,患难时刻自私自利的性情就会暴露无遗,不值得信赖。而华歆谨慎地对待别人的请托,但一经做出决定,则一诺千金,无论遇到怎样危急的情况都不改变当初的许诺。表明他是个守信用、讲道义的君子,即使身处危难之中也不改初心,担当到底。华歆、王朗的人品高下,则不言而喻。

诚信是一个人立身处世的基石，而能否做到自己许下的诺言是一个人是否讲信用的主要标志。许诺是非常严肃的事情，我们不要对别人开"空头支票"，事前三思，对不应办的事或办不到的事千万不能轻率地答应。一旦承诺了，就要千方百计去践行。否则，就像老子所说的那样，"轻诺必寡信，多易必多难"。

十二

【原文】凡道字，重且舒，勿急疾，勿模糊。

彼说长，此说短，不关己，莫闲管。

【译文】说话时要口齿清晰，声音洪亮，慢慢讲，不要太快，更不要模糊不清。遇到别人谈论他人是非好坏时，如果与自己无关，听听就算了，不要多管闲事。

与人相处，说话是一门艺术。平衡、和谐是产生美的重要因子，所以，与人沟通，度的掌握和分寸的拿捏十分重要。我们平时说话，声音的高低，语速的快慢，吐字的清晰与含糊，口气的谦和或傲慢，用词文雅与否，都要找到合适的平衡点，才能收到最好的表达效果。

在社会交往中，良好的沟通能力，正确的说话礼仪，有助于处理好人与人的关系。首先，我们说话的音量要适中。无论在公共场合还是私密的场所，声音都不宜过大，嗓门太高，不仅让人听起来难受，也会给人造成一种气势逼人的感觉，让人反感；音量太小，让人听不清你说什么，这样就达不到说话的目的，因为我们说话毕竟是说给人听的。其次，说话的语速要适中，太快了不容易听清楚，太慢或磕磕绊绊、结结巴巴，也容易让人着急上火、失去耐心。最好在讲话的过程中能有一些停顿，以便让人有一个反应的过程。还有，我们的发音要准确，吐字要清晰。读错音、念错字、口齿不清、含含糊糊，不仅让人听起来费劲，而且会让人会错意而产生不必要的误会。另外，说话的内容要简明扼要，条理清晰，重点突出，少讲、最好不讲废话，千万别语无伦次、啰里啰嗦、废话连篇，听了让人摸不着头脑，从而影响表达效果。

在交谈中，态度也很重要。态度诚恳和蔼，语气温和亲切，尊重他人，不居高临下，不强词夺理，不恶语伤人，会给人一种如沐春风的感觉，也能收到更好的交流效果。有人一说起话来喜欢滔滔不绝，自以为是，甚至不给别人插嘴的机会；还有的人总是以自我为中心，以自己的价值标准去评价一切，完全不顾及他人的感受。这样就会给人一种自私、自大的印象，因为不懂得尊重别人，别人也往往不会尊重你。在倾听别人说话时，要目视对方，不能东张西望，心不在焉，也不要表现出不耐烦的表情，否则对方心里就会感到不舒服，从而影响说话的心情。当然，你一直目不转睛地盯着对方的眼睛，也会让对方感到不舒服，所以度的掌握十分重要。

与人交流的时候，记得多用礼貌用语，比如你好、请、谢谢、对不起、麻烦了，等等，尽量少说粗话、脏话，这既是个人涵养的一种体现，也是对他人的尊重。涉及个人隐私、避讳的内容不要谈论，对方不希望谈论的事情也尽量不要去触碰。有的人与人交流不太顾及别人的感受，喜欢打破砂锅问到底，什么话题都敢说；有的人还以讽刺、取笑、毁谤或打击别人为乐，这些都是非常失礼的。

现实生活中，还有这样一类人，那就是"长舌妇"。这类人最喜欢在背后东家长西家短。自己如何为人处世还没弄明白，但议论起别人来却头头是道，而且大多喜欢搬弄是非，造谣、诽谤、诋毁别人，简直没有他不知道的事，没有他不说的人。遇到这种时候，听听就算了，要有智慧判断，不要受影响，更不要介入是非，最多"呵呵"两声，千万别附和，更不要添油加醋、火上浇油。在这个人多嘴杂的世上，你在背后道人长短，这些话万一传到被议论者的耳朵里，那就会引火烧身。本来没你什么事，但硬是自己把自己牵扯到这些是是非非、恩恩怨怨中，害人害己。俗话说得好：来说是非者，便是是非人。远离是非地，分清是非事，明明白白，清清净净，多么快乐逍遥。而且在你喋喋不休议论别人时，其实就已经在别人心中留下了不好的印象。因为你在议论别人时，别人也就要防着被你议论，从而对你有了戒备之心。

《后汉书·马援列传》中记载，成语"马革裹尸"的主人公、东汉名将马援，曾留下了一篇著名的《诫兄子严、敦书》，该家书颇为后世所传诵。原来马援在边疆听说哥哥的两个儿子马严、马敦喜欢到处议论、讥讽别人，便不远万里修书来劝诫，他在信中说："我想你们听到别人的过失，要像听到父母的名字一样，耳朵可以听，嘴巴不能说啊。喜欢议论别人的长短，胡乱地谈论时政，这是我最厌恶的，我是宁愿死都不愿意听到子孙们有这种行为。你们知道我非常厌恶此事，这是我一再强调。就像是送女儿出嫁时，父母一再告诫一样，希望你们不要忘记这些。"

马援对"好议论人长短，妄是非正法"的行径表示深恶痛绝，"宁死不愿闻子孙有此行也"，甚至还以父母谆谆告诫要出嫁的女儿作类比，反复强调议论人容易招致是非，一定要戒之。家书中对侄子的反复叮咛，言词之中饱含长辈对晚辈的深情关怀和殷殷期待，读来着实让人感动。

　　所以，说话真的是一门艺术。怎样说，说什么，需要我们用一辈子去学习。

十三

【原文】见人善，即思齐，纵去远，以渐跻。

见人恶，即内省，有则改，无加警。

【译文】看见他人的优点或善行义举，要立刻想到学习看齐，纵然目前与之相差很多，也要下决心逐渐赶上。看见别人的缺点或不良的行为，要学会自省，检讨自己是否也有这些缺失，有则改之，无则加勉。

　　子曰："见贤思齐焉，见不贤而内自省也。"意思就是，看见贤者要想着向他看齐，看见不贤的人要内心反省是否有类似的行为。孔子这句话，成为后世儒家修身养德的座右铭。每个人都有优缺点和长短处，我们要取人之长补己之短，以榜样为标杆，不断向他们学习靠拢；同时又要以他人的过失为借鉴，不重蹈覆辙。孔子还说："三人行，必有我师焉，择其善者而从之，其不善者而改之。"也就是告诫我们要善于向身边的人学习，从别人的成功与失败中，获取有益的东西。

隋代绘画大师展子虔画技精湛，在中国绘画史上占据着重要位置。他擅画人物、佛道、鞍马、车舆、宫苑、楼阁等。他画人物用笔细腻，笔下的人物神采奕奕，而画马则能够抓住马的瞬间神态，立马如举步，卧马似飞腾，形神兼备，惟妙惟肖。他尤其擅长画北方的壮丽山水，能在不大的画幅里描绘出广阔的风景，有咫尺千里之势。因此，他在当时享有很高的声望，被后世称为"唐画之祖"。也正因为其高超的画技，展子虔每每听到的都是些赞美和恭维的话，从未听到半句逆耳的批评。久而久之，展子虔就膨胀了，认为自己是世上最好的画家，不把别的画家放在眼里。

当时还有一个画家叫董伯仁，擅长画佛像、人物、楼台、车马，所画的南方风景别具一格，尤其是楼台、人物，可谓旷绝今古。但就是这样一位画家，还是被目空一切的展子虔瞧不起。董伯仁听说展子虔瞧不起人，不以为然地说："展子虔不过画些北方的秃山恶水，有什么新奇的？我还从未见他画过一幅江南的美景呢。"董伯仁的话，后来传到了展子虔的耳朵里。展子虔乍一听，十分生气，但静下心来想一想，觉得颇有一些道理。他便找来董伯仁的作品细细端详，并与自己的画放在一起进行对比，渐渐发现自己的画的确有点雄健有余而柔美滋润不足。于是，他主动去见董伯仁，表示要向他学习。董伯仁为展子虔的举动而深受感动，当即表示也要向展子虔虚心学习。从此，两位画家经常来往，一起切磋，互相取长补短，绘画技巧都有了新的提高。后来两人的友谊也越来越深，成了挚友。

古云："尺有所短，寸有所长。"的确，人无完人，没有人是生来完美的。看人多看其长处，少看其短处，能让自己在学习其优点中获益，不断进步，也能让自己以他人的缺点和不足为镜，从而少犯或不犯错误，不断地完善自己。相反，如果我们总是看到别人的缺点和不足，总觉得别人的学识和才干不如自己，那就很难提高自己。只有懂得"见贤思齐，见不贤而内自省"，博采众长，才能正确认识自己，完善自己。

成语"梁上君子"出自《后汉书·陈寔列传》，说的是东汉的时候，有一个叫陈寔的人，平日在乡间，以平和的心对待事物。老百姓每遇到纷争时，都会请陈寔出来主持公道。陈寔判决公正，告诉百姓其中的是非曲直，百姓回去后没有埋怨的，大家都服他。有一年，天道不好，老百姓没了收成，有人就干起了小偷小摸的勾当。有个晚上小偷进入陈寔家里，躲在房梁上，准备等陈寔睡觉后偷点东西。陈寔假装没看到，起来整理好衣服，让子孙聚在一起，趁机上了一堂生动的思想品德课。陈寔训诫他们说："人不可以自己不努力。不善良的人不一定本性是坏的，坏习惯往往由不注重品性修养而形成，最终才会到这种地步。梁上君子就是这样的人！"小偷大惊，赶紧从房梁上跳下来，跪拜在地，诚恳认错。陈寔开导他说："看你的长相，也不像个坏人，应该深自克制，返回正道。然而你这种行为当是由贫困所致吧。"结果还赠送两匹绢给小偷。从此全县没有再发生盗窃事件。

"梁上君子"原本是用来称呼偷拿别人东西的小偷，但在这里，陈寔却抓住了这一时机，给他的子孙后代上了非常生动的一课，告诫他们要以此人为戒，千万不能做这样的事，可谓用意深远。

孩童时代正是一个人世界观、价值观逐渐形成的时期，他们判断善恶、是非的标准有时还不是很清晰。这时候，父母、亲人、老师或朋友对他们的影响非常大，尤其是家长，他们的言谈举止潜移默化地影响着孩子的人格形成。如果孩子生活在一个充满爱心和责任感的家庭中，那他长大后性格中的正面因素就会更多；而一个生活在自私、没有责任心的家庭中，那他长大后性格中的负面因素则会更多一些。在日常生活中，我们要让孩子们明白，哪些是对的，哪些是错的，什么是应该做的，什么是不能做的，哪些是应该学习的，哪些是应该杜绝的。这样，孩子们才能懂道理，明是非，健康快乐地成长。

十四

【原文】惟德学，惟才艺，不如人，当自励。

若衣服，若饮食，不如人，勿生戚。

【译文】每一个人都应当重视自己的品德、学问和才能技艺的培养，如果发现有不如人的地方，应当自我警惕，要勉励自己奋发图强。至于外表穿着、日常饮食不如他人，则不必放在心上，更没有必要忧虑自卑。

在我们成长的道路上，特别强调人格的完善发展，也就是德智体美劳，一样都不能少。孔子曾经说过："德之不修，学之不讲，闻义不能徙，不善不能改，是吾忧也。"即不去培养品德，不研讨学问，听到义事不去做，有不善的事却不改正，这些都是我所担忧的。如果一个人在成长的过程中，不懂得去培养自己的品德，不去好好读书学习，发现有不好的地方也不去改造它，那么他是不可能完善自己的生命和人格的。只有把道德修养、读书学习和知错即改三个方面的问题都做好了，才能做到德才兼备，从而走上一条正确的人生之路。

学习是我们认识世界、提高能力的最重要途径。古往今来，多少成功人士正是凭着勤奋学习来达到人生的巅峰的。学习、学习、再学习，应该成为这个时代的座右铭。在这个竞争日益激烈的社会里，对人才的要求越来越高，我们既不能满足于已有的知识，也不能满足于已获得的成功，我们要用一种谦虚好学的态度，不断地去获取新的知识和才艺，才能为社会和自己创造更多的财富，提高人生的质量。当然，光有学高、才高、艺高还不够，做人还要德高。一个无德之人，他的学问和才艺越高，可能反而给社会带来的危害越大。我们常说德才兼备，德智体美劳要协调发展，德永远是排第一位的。

现在的社会风气比较虚浮，特别崇尚物质享受。一些孩子在一起的时候，不是比谁学习好、品行好，而是比谁家里更有钱，谁家的房子更豪华，谁家里开的车更高档。学校里大家都穿同样的校服，实在不能比了，就比戴的手表、穿的鞋子、背的书包、骑的单车，比过生日的时候谁送的礼物更贵，似乎这些东西越是高档，就越是高人一等。有的人即使家里条件一般，可为了自己的虚荣心，为了所谓的面子，非得让家长给他买名牌的衣裤鞋子，和同学去高档的餐厅消费，给家里造成很大的经济压力。这样的孩子实在是太不懂事了。

孩子有攀比心理，说明他的内心有竞争意识，希望自己不比他人差，甚至更要比别人强，这其实是好的。但在比什么方面，许多孩子可以说是比错了方向。学生时代，一个人的美并不在于穿的衣服或是戴的手表，而是在于他的成绩是否优秀，内心是否善良，品行是否端正。我们不要和同学比吃、比穿、比用、比玩，而是要和他们比学习、比才艺、比德行。

只有这样，才能真正赢得大家的喜爱和尊重。人的欲望是无穷的，物质享受是个无底洞，过分注重物质和外在，盲目攀比，往往会造成一种物欲横流但精神匮乏的不和谐现象。真正健康的人格，应该是物质与精神并重，内外兼修，德才兼备的。

成语"南阮北阮"也许大家并不熟悉，指聚居一处而贫富各殊的同族人家。故事的主人公是魏晋时期"竹林七贤"之一的阮咸。阮氏家族在当时是一个大家族，当然这个家族里有的人很富，有的人却很穷。阮咸住在路南，其他阮姓的人住在路北。有意思的是路北可以说是高档社区，里面住的都是有钱人，而路南则是典型的棚户区，住的都是些穷人。按照当地的风俗，每年的七月七日，各家都要把自家的箱子打开，把箱子中的衣服拿到太阳下面曝晒。当然，有钱人家晒出来的都是绫罗绸缎，而穷人家晒出来的只能是粗布麻衣。这样，一个晒衣服的风俗也变成了一些豪门富室炫富的机会，很多"南阮"的穷人们自惭形秽，就不好意思把衣服晒出来了。这一天，当"北阮"们晒衣时，大家看到的全是绫罗绸缎，光彩耀眼，而阮咸用竹竿在庭院中挂了一条粗布做的犊鼻形状的裤子。衣服的反差实在太大，有人就对他的做法感到奇怪，问他为什么还要把衣服晒出来丢人现眼呢？他答道："我没有免除世俗的习惯，姑且再这样应付一回罢了！"

在阮咸眼里，富贵并不值得夸耀，贫寒也不是羞耻之事，德行和学识才是衡量一个人的关键。"阮咸晒衣"成了千百年来家长教育孩子的典故：不要因为你富贵就觉得了不起，也不要因为你贫穷而感到自卑。重要的是，你是否通过努力拥有了德行和才华！

人们总是热衷于攀比，其实攀比是一把双刃剑。一方面，攀比能激发个人奋斗的潜力，给人带来向上的动力；另一方面，攀比会让人活得很累，容易让人失去心理平衡。所以，比什么非常重要。如果老是和别人比吃、穿、玩、乐一类的物质享受，容易让人失去心灵的平衡，因为物质享受是无底洞，一山还比一山高。我们应该带着一颗虚心好学的心，不断提高自己的品德、学问、才能、技能等，这样才能更好地磨砺自己，奋发图强，成为一个德艺双馨的人，这才是一个人真正的成功。

十五

【原文】闻过怒，闻誉乐，损友来，益友却。
　　　　闻誉恐，闻过欣，直谅士，渐相亲。

【译文】如果一个人听到别人批评自己就生气，听到别人称赞自己就高兴，那么有害的朋友就会来接近你，益友反而会渐渐地疏远你。反之，如果听到他人的称赞，不但没有得意忘形，反而会自省，当别人批评自己时，不但不生气，还能欣然接受，那么正直诚信的人，就会渐渐喜欢和亲近你了。

　　人的一生，总有几个要好的朋友。当你悲伤时安慰你，当你孤独时陪伴你，当你失意时支持你，当你得意时提醒你，当你求助时帮助你，和你一起玩、一起疯，同甘苦，共患难。

　　朋友很重要，和什么样的人做朋友更重要。孔子说："益者三友，损者三友。友直，友谅，友多闻，益矣。友便辟，友善柔，友便佞，损矣。"孔子说有益的朋友有三种。第一种是正直的人，即"直"。一个人正直坦荡、刚正不阿，对朋友的缺点、错误决不粉饰，在朋友"头脑发热"时及时"泼冷水"，正言直谏，让朋友少犯错。第二种是诚信的人，即"谅"。这种人处事真诚、老实，讲信誉，说话算数，表里如一，忠信不欺。第三种是见识广博之人，即"多闻"。他博学多闻，能帮助我们获取更多的知识和智慧。孔子还说有害的损友也有三种。第一种是喜欢谄媚逢迎、溜须拍马的人，即"便辟"。这样的人善于阿谀奉承、察言观色，但内心并无真诚之处，即使你指鹿为马、颠倒黑白，他也会没有原则地附和你，这样的人多半是要利用你。第二种是当面恭维而背后诋毁的人，即"善柔"。这种人是典型的"两面派"，当面一套，背后一套，善于取悦别人，却喜欢搬弄是非。第三种是花言巧语、夸夸其谈的人，即"便佞"。这种人耍起嘴皮子来一套一套，天花乱坠，可除了一张好嘴，别的什么也没有。我们常说，从朋友身上，你可以照见自己的影子。真正的朋友不是酒桌上称兄道弟、勾肩搭背之人，不是逢场作戏的虚情假意之人，也不是志得意满时的如影随形之人，而是能够真诚直言、道义相砥、过失相规，经得起时间、金钱、得失和地位考验的人。

《晏子春秋》中有个故事，说的是有一个叫高缭的人，在晏子手下做官，后来晏子把他辞退了。他的随从规劝晏子说："高缭已侍奉您三年了，而您竟然没有给他职位，而且还要辞退他，合乎道义吗？"晏子说："我是一个卑微的人。各方支持和辅助我，我才能稳固，才能立国。高缭侍奉了我三年，却从来没有纠正过我的错误，这就是我辞退他的原因。"

晏子平日关心百姓，体恤民情，而且足智多谋，有很好的口才，善于进谏，还敢于间接教诲齐景公。齐景公也还算贤明，善于纳谏。西汉刘向所撰《说苑·君道》中记载，在晏子死后，一直没有人敢当面指责齐景公的过错，因此齐景公心中颇有些小苦闷。有一天，齐景公宴请各位大臣。酒席上，君臣觥筹交错，高谈阔论，好不高兴。酒后，君臣余兴未尽，于是又一起比武射箭。轮到齐景公，他举起弓箭，可惜这箭似乎很不给这位君主面子，一支都没射中靶子，然而大臣们却依然在那里大声喝彩："好箭法！好箭法！"景公听到这些违心的话，很不高兴，他沉下脸来，把手中的弓箭重重地摔在地上，深深地叹了一口气。

正巧，弦章从外面回来，见此情景，赶忙走到景公身边。景公伤感地对弦章说："弦章啊，自从我失去了晏子，已经有17年了，从那以后，就再也没有听到过我不对的地方呀。刚才我射箭，明明偏离了靶子，可他们还是一直叫好，这真让我难过啊！"弦章回答说："这就是各位臣子没有才能啊。他们的智慧不足以知道您的过失，他们的勇气不足以触犯您的威严。但是有一点，我听说过国君喜好什么颜色，臣子就会穿什么颜色的衣服；国君喜欢吃什么东西，臣子也学着吃什么东西。有一种叫尺蠖的小虫子，吃了黄色的植物，它的身体就变成黄色；吃了青色的植物，它的身体就变成青色。您可能还有喜欢听信小人逸言的嗜好吧。"一席话说得齐景公豁然开朗，他点点头说："太好了，今天你这一番话，使我豁然开朗。今天你是国君，我是臣子。"

文章通过景公纳谏的故事，说明君主听到臣子们的曲意逢迎和阿谀奉承，必须要保持清醒的头脑，以此来赞扬齐景公善于听取和接受他人批评的态度，更赞扬了人臣敢犯颜直谏的可贵精神。现实生活中更是如此，忠言逆耳，爱听好话也是人之常情。如果大家净说些赞美吹捧你的话，或者是你爱听的甜言蜜语，你就永远看不到自己的过失与不足。如果不是真心为你好的朋友，又有几个人会真心批评、指正你呢？所以在听到别人赞美你或曲意迎奉你的话，千万不能飘飘然、昏昏然，忘乎所以，一定要抱着战战兢兢的态度，反省自己，真的有他们说的那么好吗？他们这样迎合我又是为了什么呢？而对于那些当面批评或指出我们有什么做得不对或有什么缺点和不足时，不仅不能生气上火，更要心存感激，有则改之，无则加勉。只有这样，益友才会越来越多，而有害的朋友则会越来越少。

十六

【原文】无心非，名为错，有心非，名为恶。

过能改，归于无，倘掩饰，增一辜。

【译文】无心之过称为错，若是明知故犯，有意犯错便是罪恶。知错能改，错误自然慢慢会越改越少。倘若明知有错却不去改正，还要去掩饰，那就是错上加错了。

　　古训说得好：人非圣贤，孰能无过。人这一辈子，总免不了犯几回错误。犯了错误并不可怕，没有错误的过程，也就没有生命的成长，但我们对待错误的态度非常重要。有了错误，如果能从中吸取经验教训，及时改正，那我们就可以在以后的成长中弥补不足，不断进步，从而提高和完善自己。过而不改，一而再、再而三地犯类似的错误，最后必然给我们带来可怕的后果。

《吕氏春秋》中有这样一则寓言：宋国有一个叫澄子的人，丢了一件黑色的衣服，到路上去寻找。看见一位妇人穿着一件黑衣服，就拉住不放，要拿走人家的衣服，说："今天我丢了一件黑衣服！"那妇人说："您虽然丢了一件黑衣服，但这件衣服确实是我自己做的。"澄子说："你不如赶快把衣服给我，先前我丢的是一件纺丝的黑衣服，现在你穿的是一件单的黑衣服。用你的单衣来赔偿我的纺丝的黑衣服，你岂不是已经占了便宜吗？"

这个故事让人看后不禁哑然失笑。寓言中的澄子丢了一件黑衣服，看到别人的黑衣服就觉得是自己的，假如这还是无心之过的话，但对于明知不是自己的衣服却还要强词夺理，这完全就是不讲道理、知错不改了，接下来可能就要犯更大的错误了。所以有了过错，就要勇敢面对，并及时改正，这样就会减少过失，甚至在吸取教训的基础上不断提升自己。倘若我们有了错误不去改正，还要极力掩饰，那就是错上加错，甚至把错误演变成罪过了。所以，《左传》云："人谁无过，过而能改，善莫大焉。"

《孟子·滕文公下》中叙述了一个偷鸡贼的故事，读来让人深思。宋国大夫戴盈之决定减免百姓的部分捐税，但他又说："实行十分抽一的税率，免除关卡和市场上的征税，今年内不能实行了，请让我们先减轻一些，等到明年再彻底实行，怎么样？"孟子说："现在有这么一个人，每天都要偷邻居家的一只鸡。有人劝诫他说：'这不是君子的做法。'他便说：'那我就逐渐改吧，以后每个月偷一只鸡，等到明年再彻底洗手不干了。'如果知道这种行为不合于道义，就应该马上改正，为什么还要等到明年呢？"

孟子善于运用比喻来说明自己的主张，这则偷鸡贼的故事可谓寓意深刻。偷鸡贼明明认识到自己行为的不对，但就是不愿意彻底改正，居然提出了要以减少数量来改错的可笑逻辑。数量减少了，问题的性质能改变吗？无论你偷多偷少，终归都是偷。所以当知道自己有了过失或错误，就应该当机立断，赶紧行动起来彻底改正它，千万不要给自己找任何循序渐进的借口。同一个错误，绝不会因为你错的频率高才是错，错的频率低就不是错了。错误无论大小或数量的多少都是错，其性质是不会有任何改变的。有些人总是喜欢给自己的过失或错误编造出自认为合理的借口或理由，却并无真正的改过之心。其实你为自己的错误找了百分之一的借口，那就意味着原谅了自己百分之一的错误，找百分之五十的借口，就意味着原谅了一半的错误，如果找到百分之百的借口，就相当于不承认自己犯的错误。如果连犯错误的事实都不愿意承认，那一个人还怎样完善自己呢？这样，久而久之，可能会带来更多麻烦。因为很多大的错误，就是积少成多，由量变而引起质变的。所以古人云：勿以恶小而为之，勿以善小而不为。

　　对待错误，我们要有一个良好的心态，世上没有完美的人，每个人都是在不断纠错中得到进步和完善的，很多错误其实就是一次学习的机会。我们首先要有一种承认错误的勇气，然后还要有知错就改的决心。不爱改过是人的通病，如果我们知错不改或找各种借口来掩饰，或是为了所谓的面子或尊严而一意孤行，那么只能错上加错，就好像身体有了毛病却忌讳看医生一样，问题可能会越拖越严重。

　　我们自己犯了错误，要及时改正。同时，对待别人的过失，要有一颗宽容的心，要允许别人知错后的改正。千万不要揪住别人的错误不放，上纲上线，得理不饶人，恨不得置他人于死地。这样的严于律人、宽以待己，很多时候会把别人逼上绝路，最终把朋友逼成了敌人，损人又害己。对于那些有错知改的人，我们要学会宽恕和理解，要学会换位思考，更要学会得饶人处且饶人，甚至可以帮助别人一起改错，共同进步，这样你就能得到更多人的尊重。生活中多一个朋友，总比多一个敌人要好。当然，对于那些明知有错却死不悔改之人，那就敬而远之吧。

第三章　愛衆

一

【原文】凡是人，皆须爱，天同覆，地同载。

【译文】只要是人，就是同类，不分族群、人种、宗教信仰，皆须相亲相爱。同是上苍覆盖芸芸众生，同是大地承载天下民众。

　　"仁"是孔子思想的核心，也是中国伦理学说的根本。《论语》中的"仁"内涵极其丰富，但其根本乃是对"爱"的演绎和诠释，即"爱人"。"仁"是一种发自家庭，延伸到社会、国家乃至整个自然、宇宙的普遍的爱。

　　生我者，父母；养我者，父母。父母永远是我们最亲的人，他们为我们的成长倾注了全部的心血，儿女长大后自然会报答其养育之恩，这就是"孝"。家庭是社会的细胞，每个人都生活在社会中，必然与他人发生着千丝万缕的关系。人与人之间只有相知、相处、相爱，才能达到和谐的状态。同时，我们生活在自然宇宙之中，作为大自然的一分子，不仅要爱人，更要爱大自然中的一草一木、万事万物，要有一种"博爱"

的情怀。只有这样，人与人、人与社会、人与自然才能和谐相处。

《战国策》中讲述了一个《乐羊为魏将而攻中山》的故事，讲的是乐羊是魏国相国翟璜的门客，乐羊的儿子乐舒是中山国的将领，在相国的力荐之下，国君魏文侯派乐羊率军攻打中山国。乐羊出兵后，由于敌强我弱，于是施行缓兵之计。消息传来，朝中大哗，群臣诬告乐羊通敌。此时，中山国把乐舒绑了悬挂在城门上给乐羊看，但乐羊并没有因此而减弱进攻的意志，攻打更为猛烈。中山国于是将乐舒煮成肉羹送给乐羊，乐羊居然喝下了一杯。中山国看到了乐羊的决心，不忍心和他对战，乐羊终于攻占了中山国。后来，魏文侯虽然奖赏了乐羊的战功，但对他的德行产生了怀疑，认为他心底残忍，没有骨肉之情，不肯再重用他。

《吕氏春秋》中有一篇小文章，讲述了孟孙氏和秦西巴的故事。秦西巴在鲁国大贵族孟孙氏那里做家臣，一次，孟孙氏打猎得到一只幼鹿，派秦西巴拿回去烧煮它。母鹿跟随着秦西巴哀鸣不已，小鹿也悲声应和。秦西巴不忍心，将幼鹿放还给母鹿。孟孙氏回来后，寻找鹿在哪里。秦西巴回答说："小鹿的妈妈跟在后面啼叫，我实在不忍心，私自放还给母鹿了。"孟孙氏很生气，把秦西巴赶走了。过了一年，孟孙氏给他的儿子选老师，想起了秦西巴，又把他找了回来，让他当儿子的老师。左右大臣和侍卫说："秦西巴对您有罪，现在您却让他做您儿子的老师，这是为什么呢？"孟孙氏说："他对一只小鹿都不忍心伤害，又何况对人呢？"

仁厚、慈爱是人的一种美德。把乐羊和秦西巴两个人放在一起进行对比，两人的人格高低立现。乐羊为了成就自己的所谓功名而牺牲了儿子的生命，甚至喝下了用儿子的肉煮成的汤。我们常说虎毒尚且不食子，而乐羊的这种毫无人性的极端的行为，最终为大家所不齿。秦西巴是一个充满爱心的人，甚至可以说是一个有着朴素的博爱精神的人，因为他对自然之生命有着一颗怜悯之心。虽然刚开始他的善良与爱被人误解，被孟孙氏赶出了家门，但也正是他的那份善良与爱心，最终获得了孟孙氏的认可。一个人心里充满温暖的爱，别人才会以浓浓的爱温暖你。

《吕氏春秋》还记录了一个博爱的故事，讲的是孔子的学生叫宓（fú）子贱到鲁国亶（dǎn）父（今山东菏泽市单县）担任地方官，三年后，孔子派另一名学生巫马旗去了解情况。巫马旗看见一个渔夫夜晚在打鱼，可奇怪的是，渔夫把打上来的鱼又扔回河里，就好奇地问他为什么要这样。渔夫说："我放回的是小鱼。我们的地方官宓子贱不准人捕捞小鱼，所以放了。"巫马旗回去对孔子说宓子贱的教化到位，人们自觉遵行。孔子听后十分高兴，认为宓子贱有着一颗仁爱之心，以后可担大任。

把天地万物都看成是有生命的统一整体，以博爱之心爱自然之生命，包括飞禽走兽、花鸟鱼虫等，这是儒家仁爱的最高境界。人性的伟大，在于同情和爱护一切生命。孔子所说的爱亲人、爱他人、爱国家、爱人类、爱自然、爱宇宙的普遍之仁爱，可以说是承载了中国儒家哲学思想的精髓，是中华民族传统文化的瑰宝。西方基督教也提倡博爱，要求爱一切人，不仅要爱上帝、爱友人，还要爱罪人，甚至"要爱你们的仇敌"。博爱，就是以博大和宽广的胸怀，放下仇恨、猜忌、冷漠和戒备，去爱所有的人和自然万物。爱，是神的最大诫命。

爱是世间最温暖的字眼，爱也是世间最美好的情感。爱能净化人的心灵，爱能开阔人的心胸，爱能温暖彼此的心灵，爱能拉近人与人之间的距离，爱给人带来感动，爱更能创造奇迹，因为在爱的过程中他能以真善美行事，能给人带来无穷无尽的力量与鼓舞。爱可以让我们的人生道路更加宽阔，让人世间有更多的温暖，也让我们的生活更加美好。

二

【原文】行高者，名自高，人所重，非貌高。

才大者，望自大，人所服，非言大。

【译文】德行高尚者，名望自然高超。大家所敬重的是他的德行，不是外表容貌。有才能的人，处理事情的能力卓越，声望自然不凡，然而人们欣赏佩服的是他的处事能力，而不是他很会说大话。

古人常说："罪莫大于无道，怨莫大于无德。"中华民族历来崇尚道德修养，把高尚的道德品行修养看做一个人的灵魂和立身之本。传统儒家以仁、义、礼、智、信为核心的道德价值体系，深深地影响了每一个中国人的品行修为。我们常常以德才兼备来衡量一个人。"德"决定着一个人的品质、形象、威望，"才"决定着一个人的能力、本领、水平。自古以来，能够留下好名声、拥有一定历史地位的，往往是那些德才兼备之人。他们讲仁爱、守诚信、崇正义、有担当，把自己出色的才干，服务于国家、社会和大众。而那些自私自利、诚信缺失、道德失范的人，即使拥有再大的才干、再多的财富和再高的地位，也是被这个社会所不齿的。的确，代表个人社会形象的是其道德品行，是看其行为是否有益于国家、社会、人民，而不是单纯地看一个人的财富、地位、才能，更不是看一个人的夸夸其谈。

成语"桃李不言，下自成蹊"出自《史记·李将军列传》，用以比喻一个人品德高尚、诚实、正直，用不着自我宣言，就自然受到人们的尊重和敬仰。

李广是西汉时期的名将，他智勇双全，一生跟匈奴打过七十多次仗，战功卓绝。李广虽然身居高位，但不居功自傲，爱兵如子，为人清廉，还能和士兵同甘共苦。他不仅从不克扣士兵们的军饷，而且每次朝廷给他的赏赐他都分给部下。所以，他虽身为高官，家中却没有多少财物。行军打仗时，有时会遇到粮食或水供应不上的情况，他和士兵们一样忍饥挨饿，从不搞特权；打起仗来，他身先士卒，只要他一声令下，大家个个奋勇争先，不怕牺牲。所以李广虽不善言辞，但他爱兵如子、以身作则的带兵之道深得官兵爱戴。后来，当李广将军为国捐躯的噩耗传到军营时，全军将士个个痛哭流涕，就连许多只是听到过将军事迹的老百姓也纷纷悼念他。在人们心目中，李广将军就是他们崇拜的大英雄。

李广以实际行动赢得了众人的尊敬，可谓是真正的以德服人。司马迁在为李广立传时称赞道："桃李不言，下自成蹊。"意思是说，桃李有着芬芳的花朵，甜美的果实，虽然它们不会说话，但仍然会吸引人们到树下赏花尝果，以至于树下都被踩出一条小路。所以，一个人只要做好自己，即使自己不说，大家也都看在眼里，记在心里。李广将军就是以他的高尚品质赢得了人们的崇敬。

唐朝诗人杜审言，大家也许并不熟悉，但他的孙子却无人不晓，那就是大名鼎鼎的"诗圣"杜甫。"诗圣"的爷爷写诗的水平其实也挺高的，他与李峤、崔融、苏味道被称为"文章四友"，是唐代"近体诗"的奠基人之一，杜甫也称赞他爷爷"吾祖诗冠古"。但是杜审言正是对自己的才气的自负，说出很多狂傲的话语，给他的人生带来很多悲剧的色彩。

杜审言是咸亨元年（670）的进士，官至国子监主簿，后被聘为修文馆直学士。在《新唐书》列传里记载了三件事，让人哭笑不得。第一件是武则天当政时期，杜审言在吏部任校考使。按唐代的考核制度，官员每年都要写一份"行状"，也就是写一份述职报告，交到吏部，叙述自己的政绩，校考使则给这些述职报告写评语。一天，杜审言写完评语后，对众人说："味道必死。"苏味道当时任天官侍郎，是吏部的二把手，也就是杜审言的顶头上司。周围的同事听后大惊，忙问事出何因。杜审言说："彼见吾判，且羞死。"意思是说，苏味道如果看到他写的判词写得如此之好，肯定会自愧弗如，羞愧而死！第二件事是他曾对人说："吾文章当得屈、宋作衙官，吾笔当得王羲之北面。"翻译过来就是：我若写文章，屈原、宋玉只配替我打下手；我若玩书法，王羲之见了都得北面称臣。他的话让人很是无语，后人则就此总结出一个成语：衙官屈宋，即自夸文章写得好。《新唐书》对他的评价是"其矜诞类此"，批评他的自大狂妄。第三件事是杜审言晚年时病得很重，好友宋之问、武平一前来探视，问他还有什么要说的。杜审言不无遗憾地说："上天造化弄人，害得我这么苦，还有什么可说的！不过，有我在世一天，就压得你们一天不得出头。现在我要死了，你们应该十分高兴才是，只可惜没一个真正有才华的人能接替我啊！"杜审言的一众好友面面相觑，不知道该说什么好。杜审言恃才自傲，口无遮拦，不可避免地遭众人忌恨。

　　一个人能够被大家所敬重、爱戴，或者青史垂名，肯定是因为他的德行和才干，而不单纯是因为他的财富或地位，更不是他的夸夸其谈。以高尚的德行为基础，再发挥其才华，从而造福社会和人民，人们自然而然地会发自内心地尊敬与敬仰他，其名望也就水到渠成了。

三

【原文】己有能，勿自私，人有能，勿轻訾（zǐ）。

勿谄富，勿骄贫，勿厌故，勿喜新。

【译文】当你有能力可以为众人服务的时候，不要自私自利，只考虑自己，舍不得付出。对于他人的才华，应当学会欣赏赞叹，而不是批评、嫉妒、毁谤。不要去讨好巴结有钱人，也不要在穷人面前骄傲自大，或者轻视他们。不要喜新厌旧，对于老朋友要珍惜，不要贪恋新朋友或新事物。

有一则《天堂与地狱》的寓言，讲的是有个人很想知道天堂和地狱究竟有何区别，上帝对他说："来吧，我让你先看看什么是地狱。"他们走进一个房间，看到一群人围着一大锅肉汤，似乎生活还蛮不错的样子。这群人每人手上拿着一个很长的汤勺，但汤勺实在是太长了，比他们自己的手臂还要长，所以他们无法弯曲自己的手臂把食物送进自己的嘴里去，最后居然每个人都吃不到肉和汤。所以，每个人看起来都骨瘦如柴，饥饿难当。上帝又把这个人领到天堂里。这里也是一锅肉汤、一群人、一样的长柄汤勺。但大家都身宽体胖，一副其乐融融的景象。"为什么？"这个人不解地问，"为什么地狱的人喝不到肉汤，而天堂里的人能喝到？"上帝微笑着说："很简单，在这儿，他们都会喂别人。"

这则寓言告诉我们，如果我们每个人都自私自利，只考虑自己的利益，不懂得付出，那他人即是地狱。而只有懂得舍得和付出，我为人人，才会换来人人为我，这样你便会拥有天堂。孔子的核心思想"仁"，就是要"爱人"，要求每个人都能够爱别人、帮助别人、体恤别人。一个人给予别人的爱与帮助越多，得到的回报肯定也会越多。因为爱心能够感染人，为别人付出你的爱心，其实也就为自己种下了一片希望，在你有所取的时候别人也会愿意帮助你、回报你。将欲取之，必先予之，这是最简单的生活道理。

与人交往，我们不仅要懂得付出，更要懂得尊重和欣赏。见到别人的才华或有所成就时，不要嫉妒，不要诋毁，我们要有一种"见人之得，如己之得"的宽广胸襟，加以赞美肯定。欣赏别人是一种境界，尊敬别人是一种智慧，正所谓"敬人者，人恒敬之"。现在有的人见不得别人的才华，见到自己不如别人时，就心生憎恶与羡慕、嫉妒与怨恨，想方设法阻止别人的发展，甚至诋毁人家的才能。这样可能会让人笑话你品行不好，身边的朋友、同学也不愿与你交往，让你陷入身孤力寡的处境，人生之路越走越窄。《朱子治家格言》中说："人有喜庆，不可生妒忌心；人有祸患，不可生喜幸心。"别人有了喜庆的事，自己不能生妒忌之心；别人遇到祸患的事，不可幸灾乐祸，纵然不能帮助别人，也要有最起码的怜悯之心。其实，一个人如果把自己的才能奉献给社会，多做对社会有益的事，不仅可以陶冶其情操，提升其道德水平，为其积攒下更好的人品，也使其更能赢得社会的认可和尊重。另外，别人的失败和灾祸不会给自己带来丝毫的好处，为什么要幸灾乐祸呢？幸灾乐祸的人常常给自己带来有害无益的烦恼，不仅增加自己的罪孽，更是让别人看轻自己。

现代社会有一个很不好的现象，就是财富的多少似乎成了衡量一个人是否成功的最重要标准，而且日益成为衡量一个人价值的唯一尺度。拜金主义已经成为一股社会潮流，有钱人也成为大家巴结谄媚的对象。有些本身素质并不高的人一有钱，不是想着怎样回报社会或是维护道德、正义和善良，而是做着一些为富不仁的勾当，不顾及公众的感受，不接受社会公德的约束，有时还不考虑事情的后果。尤其在很多家庭中，男人有钱就变坏已不是什么新鲜事了，喜新厌旧的现象时有发生，离婚率也在逐年上升。对中国这样一个受传统文化影响很深，对婚姻一直十分慎重和小心的国家来说，杜甫的"但见新人笑，那闻旧人哭"已经成为当前许多家庭的真实写照，这也引发了很多社会问题。大家真应该好好看看宋弘的"糟糠之妻不下堂"的故事，引以为戒。

《后汉书·宋弘传》记载：宋弘跟随刘秀南征北战，屡立战功，终于帮刘秀得了天下。刘秀当了皇帝后，对宋弘很是信任和器重。刘秀姐姐湖阳公主的丈夫去世后，整天闷闷不乐。刘秀想给她重新找门亲事，便和她一起讨论朝里的臣子，暗中观察她的意思。湖阳公主说："宋弘的相貌品德，在众臣子里没有一个能赶上他的。"光武帝就召见宋弘说："俗语说，地位尊贵了就换朋友，家中有钱了就换老婆，这不是人的本性么？"宋弘说："我听说卑贱时的朋友不能忘，共患难的老婆不可抛弃。"光武帝听后，回头对屏风后面的姐姐说："这事办不成了。"这就是成语"糟糠之妻不下堂"的典故出处。

宋弘念旧成了千古美谈，"糟糠"也成为元配妻子的代称。陈世美的忘恩负义、抛妻弃子遭到了万世唾骂。两者一对比，品行孰高孰低就非常明显了。现在的有些人，一旦有了钱或权，就忘掉了"糟糠之妻"共患难时的艰难岁月，喜新厌旧，这实在是很不应该的。一个美满幸福和谐的家庭，又何尝不是一个人成功的重要标志呢？不喜新厌旧，是人人都应恪守的本分。不仅家庭如此，为人处事也应如此。

四

【原文】人不闲，勿事搅，人不安，勿话扰。

人有短，切莫揭，人有私，切莫说。

【译文】当别人很忙时，不要去打扰他。当别人心情不好、身心欠安的时候，我们不要喋喋不休去干扰他。对于别人的缺点、短处，不要去揭穿。对于别人的隐私，切忌去张扬。

《红楼梦》中有一副对联："世事洞明皆学问，人情练达即文章。"意思是洞察明了世事那就处处有学问，摸透了人情世故那就处处是文章。人是各种社会关系的总和，人活在世上，总要处理各种异常复杂的人情世故，"洞明世事"和"练达人情"还是很重要的，有字的书要读，没字的书也要读。学问、文章并不只在书本中，也在于人情世故中。

我们平时与人交往，对他人的尊重与关爱，不仅表现为要知道哪些事是可以做的，哪些事是不可以做的，更要知道有些事什么时候和什么场合可以做，什么时候和什么场合是不能做的。《论语·里仁》中说："事君数，斯辱矣；朋友数，斯疏矣。"意思是侍奉君主太过烦琐，就会受到侮辱；对待朋友太烦琐，就会被疏远了。比如说，一个人正在忙的时候，我们却不分时间、场合地贸然打扰，即使是最亲密的朋友，虽碍于情面不好意思拒绝，但心里可能就会有想法了。这样的次数多了，朋友就慢慢疏远你了。所以，我们不要总是以自我为中心来考虑问题，生活中学会察言观色还是有必要的。多替他人着想，不要轻易地去影响和打搅他人，这是一种做人的基本美德。

宋仁宗是北宋的第四位君主，在位 42 年，可谓国富民强，社会繁荣，人才鼎盛，出现了包拯、韩琦、司马光、黄庭坚、苏洵、苏轼、苏辙、欧阳修、曾巩、王安石等一大批历史名人。这除了当时政治上的开明、思想上的包容，还与宋仁宗能够以身作则，多为他人着想有关。有一天早上，宋仁宗对身边的大臣说："朕昨晚失眠了，感觉很饿，想吃烤羊肉。"臣子回答说："既然如此，皇上您为什么不下旨让下面准备呢？"宋仁宗说："我听说啊，每当大内有什么需要的时候，外面就会把它作为一项制度。我很担心从此后就要夜夜杀羊准备，那就会害了很多羊的生命。"臣子们听皇上如此说，皆呼万岁。还有一次，宋仁宗在花园散步，由于出汗较多感觉口渴，就屡次回头，想看看有没有人带着水壶。但宫女和太监们你看看我，我看看你，不知皇帝老儿到底什么意思。到了寝宫，宋仁宗对妃嫔们说："渴死了，渴死了，快拿点热水来。"妃子们说："官家为何不在外面取水，怎么会渴成这样呢？"宋仁宗说："我好几次回头，都看不见带水的人。如果我询问的话，那个人就要受到惩罚了。所以只能忍着口渴回来了。"

作为皇帝，像吃羊肉、喝水这么小的小事，只要他张口一说，下面的人肯定会为他准备好，但仁宗皇帝不但对人非常仁慈，而且非常自律，宁可约束自己忍一忍，也不轻易去麻烦别人，真是难能可贵，也难怪会出现"仁宗盛治"，达到北宋乃至于中国封建王朝社会经济文化的顶峰。

我们常说做人要有格局。什么是格局？往大处说是要有一种为国家社会和黎民苍生而奉献自己的情怀，而往小处说，就是先人后己、多为他人考虑的操守。比如说，我们平常打电话，吃饭时间、周末休息或大晚上的，就尽量不要去打扰人家，否则影响了别人吃饭或休息，总是一种罪过。另外，别人心情不好，特别是身体有恙时，也不要随意地去打扰他。因为身体欠佳时，最需要休息，即使出于礼貌去探访病人，也要注意不宜拖沓探望时间，以免影响病人休息或者耽误其接受治疗，否则，就容易失礼。所以，人与人交往不仅贵在知心，更贵在能替对方着想。

我们常说，世上没有十全十美的人，也没有十全十美的事。每个人总有些不足或不愿提及的事，俗话也说："打人不打脸，骂人不揭短。"中国人特别好面子，揭人短跟打人脸一样都是会让人很难堪的，尤其在公共场合。传说龙的脖子下都有巴掌大小的一块白色鳞片，呈月牙状，俗称"逆鳞"，脾气再好的龙一旦被触及逆鳞，立刻就会像火山爆发一样龙颜震怒，后果可能就不堪设想了。每个人或许也有个"逆鳞"存在，也就是我们所说的"痛处"，那些都是不可触碰的。比如身体上的缺陷，曾经犯下的错或不愿提及的不堪往事，抑或深埋于心的隐私，那是任何人都不能侵犯的禁区。如果有人故意"哪壶不开提哪壶"，被伤害的那人脾气再好也可能会恼羞成怒的，也许你会为自己的口无遮拦付出代价。曾国藩深谙儒家的忠恕之道，说："予人一分面子，人必予两分面子。伤人一分面子，人必损十分面子。为人处世，面子不可不慎。"言多刻薄，必惹人厌烦。

人与人相处除了相互了解相互包容外，更要多设身处地地为别人着想，要学会容人之短、成人之美。矮人面前不说短，"东施"面前不说丑，别人的短处、缺陷或是隐私尽量不要去说。避讳也是一种为人处世的技巧，是一个人慈悲心和同情心的体现，更是一种美德。学会换位思考，人和人之间相处就会更加融洽。

五.

【原文】道人善，即是善，人知之，愈思勉。

扬人恶，即是恶，疾之甚，祸且作。

善相劝，德皆建，过不规，道两亏。

【译文】赞美他人的善行就是行善，当对方听到你的称赞之后，必定会更加勉力行善。张扬他人的过失或缺点，就等于做恶事。如果指责批评太过分了，还会给自己招致灾祸。朋友之间应该互相规过劝善，一起建立良好的品德修养。如果有错不能互相规劝，两个人的品德都会有亏损。

　　在美国华尔街的金融公司工作，可以说是当今很多精英的梦想，因为那意味着丰厚的收入和较高的社会地位。然而，27岁的商学院毕业生Mason Wartman放弃了百万年薪，在辞去华尔街的工作后竟然开起了一家比萨店，不禁让人大跌眼镜，因为比萨店的工作与华尔街的工作似乎不能相提并论。但他的比萨店却被称为全纽约最暖心的店面，受到社会各界人士的赞美，因为这是一家以"让爱传递"方式经营的店铺。Mason Wartman 说他曾经到过意大利的一家咖啡店，在那里顾客可以为那些买不起咖啡的人买一杯爱心咖啡，这让人觉得很温暖。受此启发，他在店里的墙上挂上一块牌子——"要为别人多买一片比萨吗？"也就是每当顾客为那些没钱消费的人多买一片比萨，就会得到一张象征爱心比萨的便利贴，然后贴在墙上，等待被需要的人领走"吃掉"。一开始这就像一个游戏，但这个游戏却让参与者觉得很有意义。慢慢地，越来越多的顾客知道这家店特殊的经营方式，越来越多的好心人士来到店里提供赞助。于是墙上的便利贴多了起来，2014 年一年时间里，这家店就为 8500 名流浪汉提供了免费的爱心比萨，而且每一个便利贴上都写满了素未谋面的好心人士的祝福。许多流浪汉被这种行为感动了，从而以一种更加积极的态度对待人生。

事实上，善良是会传染的，善良和美好为我们的人生提供着良性循环的动力。当看到别人的善行时，我们的爱心也会被更好地激发出来，从而促使我们也心生善念，做出善举，去帮助别人。如果接受善行的那个人心怀感恩，可能就会引发另一份善举，"滴水之恩"往往能引来"涌泉相报"。当善行不断地被扩散，整个社会也就充满了爱心和善意。

我们常说对孩子的教育要以鼓励、肯定为主，因为孩子的自我认识往往依赖于他人对自己的评价。当众的赞扬可以使孩子体验到被尊重的喜悦和自豪，从而促使他更加努力去完善自己。过多的否定和批评孩子，就容易引起孩子的消极情绪和压抑心理，从而产生负面效果。其实每个人都一样，看到别人的善行和美德多加赞扬，行善者的身上自然就更多了一份坚持善行和美德的动力；周边的听闻者也会有一个行善的好榜样，见贤思齐，从而为社会增添更多的正能量。因为每个人都有向上提升的欲念，每个人都希望自己能做得更好。老是指责别人的短处或过错，容易让人产生一种挫败感，可能会产生更多的负能量，甚至会引发不必要的麻烦。所以说：道人善也是善，扬人恶也是恶。《了凡四训》中云："见人过失，且涵容而掩覆之。一则令其可改，一则令其有所顾忌而不敢纵。见人有微长可取，小善可录，翻然舍己而从之，且为艳称而广述之。"看到别人的不足与过失，先不要到处去宣扬，一来给人一次改过的机会，一来让他有所顾忌。他作恶，别人不是不知道，只是不说，这样容易使他心生惭愧，不敢放纵。看到他人稍微有些可取的长处，可记录的善行，就要向他们学习，并要交口称赞，替他广为传播，带动大家向上向善，形成好的风尚。孔子说："己欲立而立人，己欲达而达人。"成就他人的同时也可以成就自己。真诚地赞扬别人的善行和美德，不但会激励人们更加努力，也会更加严格地要求自己做得更好，从而达到双赢共进的效果。

人是一种复杂的动物，身上同时带有善与恶的因子，善恶也往往就在一念间，历史的前行与人类的进步在某种程度上来说是一曲善与恶斗争的乐章。扬善惩恶是中国人文精神很重要的一个方面，也是非常重要的道德行为。舜的父亲、继母以及同父异母的兄弟几次三番想害死他，但他始终以德报怨，最终连老天都被感动了，他的善行在当时成为一段佳话，广为传扬。舜到历山耕作没多久，那些过去经常为争夺地界而打架的农民，在舜的善德感化下，相互谦让起土地来。后来舜到雷泽去打鱼，见捕鱼人为争夺好的渔场而发生纠纷、争执，心中很不安。舜善于动脑，捕到的鱼也较多，除了留几条自己食用外，常常将多的鱼分给大家，更把自己发现的好渔场让给别人。后来，在舜的感化之下，打鱼人之间也开始相互谦让了。的确，榜样的力量是无穷的，对善的推崇和宣扬，可以更好地抑制和弱化人性中狭隘、自私、唯利是图等恶的因子。

　　在生活中，看到别人的善行和美德要多加宣扬，看到他人的缺点和过失，善意指出，相互规劝，共同进步。这样，必将滋润出更多的善良和美好。

六

【原文】凡取与，贵分晓，与宜多，取宜少。

【译文】凡是财物的取得与给予，贵在清楚明白，给别人的应该多一些，自己拿的要少一些。

　　明末清初著名的散文家魏禧说："我不识何等为君子，但看每事肯吃亏的便是；我不识何等为小人，但看每事好便宜的便是。"在他看来，事事肯吃亏的人是君子，而事事好占便宜的人就是典型的小人。一个人人品的高低，往往会决定他人生的高度。多为别人着想，宁愿自己吃亏也不占人家便宜，这样的人，大家都愿意和他打交道，因为大家相信他的人品。只想占人家便宜而不愿意自己吃亏的人，没有人愿意和他打交道，因为在和他打交道的过程中，心里要时刻警惕着怎样提防着不吃亏，心累。这样的人也必然是不受欢迎的，朋友也会越来越少。俗话说"吃亏就是占便宜"，乍看之下，觉得是痴人说梦，既然是吃亏，又如何能占到便宜呢？但其实吃亏是我们为人处世的一种十分讨巧的方式，很多利益得失的断定若从长远的角度去看，吃亏又能吃到哪里去？占便宜又能占到哪里去？舍得舍得，没有舍哪来得？

有两人死后来到阴曹地府，阎王查过他们的功过簿后，对他们说："你们下世还可以投胎为人，但是你们的人生却截然相反。一个人必须过付出的一生，而另一个人则必须过索取的一生。现在你们慎重选择吧。"其中一人想到索取可以坐享其成，非常舒服，于是毫不犹豫地抢着要了。而另一个人回答得慢了，别无选择，只能接受过付出的人生。阎王当即判定了二人的前途：让那个想要索取、接受的，下辈子当了乞丐，天天向人索取，接受别人的施舍；而要付出、给予的，下辈子则做了富翁，布施行善，帮助别人。这个故事告诉我们：人生是需要奉献和付出的，只有乞丐才会去不断索取。世间绝没有无付出的回报，也绝没有无回报的付出。一个人如果自私自利，只知索取、不肯付出，即使有钱，也是有钱的乞丐；而那些懂得付出、肯吃亏的人，将会得到更多诚心相待的朋友，当你有所求的时候，也许得到的会更多。因为人心都是肉长的，每个人心里都揣着一杆秤，你怎样对待别人，别人就会怎样对待你。有舍有得，不舍不得，这是为人处世的最基本哲学。

宋江在梁山108将里，论智谋不如吴用，论武功不如武松、李逵，论出身不如柴进、林冲，但他就是做了众人的"一哥"，其中最关键的因素是大家都佩服宋江号称"仗义疏财的及时雨"这块金字招牌。宋江的名望来自他的仗义疏财，急人所难。在柴进庄上初识武松，尽管武松不怎么受柴大官人待见，宋江却如见到了亲人一般。不仅每日和武松一起喝酒联络感情，更在武松要回家时十里相送，还拿出银两给武松做盘缠，这让从小失去父母的武松感动得一塌糊涂，最终两人结拜为兄弟，宋江也就在江湖上多了一个生死相随的兄弟。另外，李逵、刘唐、薛永等人都接受过宋江的资助，他们都成了宋江忠贞不贰的追随者。宋江不但对众英雄好汉如此，对自己的同僚、衙役、狱卒，甚至是生活在社会最底层的人，也都慷慨相助。唐牛儿也正是平日里得宋江的帮助，关键时刻才会舍命卖力。也正是宋江的舍得和付出，让"及时雨"的美名传遍大江南北，也让那些"义字当先"的江湖好汉佩服得五体投地。

常言说得好：财聚人散，人散财散；财散人聚，人聚财聚。这可以说是人类生存和生活上的一大原则。不肯舍得，一丝一毫都想不放过，把财富紧紧抓在手里，这样的人境界势必不高，缺乏长远和向高处看的眼光，周围的人也会慢慢离去，因为没有人喜欢一个吝啬、贪婪的"葛朗台"朋友。懂得舍得和付出，能够将更多的利益与人分享，你的形象在众人心中自然就高大，人缘自然就好，别人自然也就愿意聚在你身边，因为和你打交道不用担心会吃亏，而人缘好的人机会自然就多。李嘉诚也忠告我们：如果利润10%是合理的，本来你可以拿到11%，但还是拿9%为上策，因为只有这样才会有后续的生意源源而来。

的确，学会付出，懂得谦让、牺牲、成全，肯吃亏，这并非一个人无能、无用的表现，而是一种胸怀和品质，更是做人的一种境界和处事的睿智。而那些处处算计之人，可能暂时会得到一些好处，可那点儿蝇头小利并不会对你的人生产生多大影响，却让周围的人对你的人品产生怀疑，真的是得不偿失。

从做人的角度说，给予的人是施了恩惠，索取的人是欠了债。而欠债总是要还的，这是天经地义的事。在所有的债务中，人情债是最沉重的，不管它是别人给予的，还是你主动索取的。所以，一定要在日常的生活中养成付出的习惯，而千万不要有占小便宜的恶习，也不要总是盯着眼前的利益。一点亏都不想吃的人，只会让自己的路越走越窄。

七

【原文】将加人，先问己，己不欲，即速已。

【译文】事情将要施加到别人身上，先问一问自己，如果连自己也不愿意的，就立刻停止。

　　"仁"是整个儒家思想体系中的核心理论，而儒家仁学的一以贯之的践行之道便是"忠恕"。所谓的"忠恕"，实质上是一个问题的两个方面。"忠"是从积极的方面说，也就是孔子在《论语·雍也》篇里所说的"己欲立而立人，己欲达而达人"。自己想有所成就，就要使他人有所成就；自己要行得通，也要使他人能行得通，能做到推己及人。"恕"则是从消极的方面说，也就是孔子在《论语·卫灵公》中所说的"己所不欲，勿施于人"。自己不愿意的事，不要强加给别人。用我们今天的话说就是换位思考、将心比心，设身处地地为他人着想。自己希望怎样生活，就会依此推断出别人也会希望这样生活；自己不愿意别人怎样对待自己，就首先要想到不要那样对待别人。"忠恕"之道就是以待自己的态度对待他人，它成了儒家处理人际关系的基本原则，同时也是如何去获取别人认同和尊重的重要法宝。

战国时期，梁国和楚国这两个邻居并不太友好。两国的士兵们在各自的地界内种了西瓜。梁人勤劳，浇水施肥，西瓜长势很好。楚人较懒，西瓜长势不太妙。楚人嫉妒，趁着夜色越境去扯断了梁人的瓜苗。梁人发现后非常气愤，就报告县令宋就，准备以牙还牙。宋就说："这样做当然很解气，可我们不愿意他们扯断我们的瓜苗，为什么还要去扯断别人的瓜苗呢？明明是别人不对，我们再跟着学，那就太狭隘了。"梁人觉得宋就的话很有道理，不但没有去扯断楚人的瓜苗，还为楚人的瓜苗浇水施肥。后来楚人发现自己的瓜苗越长越好，很奇怪，等他们知道真相后，十分惭愧，又对梁人十分敬佩。楚人把这件事上报给了楚王，楚王深感梁人的善意，特备重礼送给梁王以示感谢。结果，这一对原来敌对的国家成了友好邻邦。

《礼记·檀弓》中载，春秋时齐国大夫陈子车在卫国死了，他的妻子和家里总管商量用活人为他殉葬。商定之后，陈子车的弟弟陈子亢（孔子的学生）来了，两人对陈子亢说："他老人家有病，在地下无人伺候，希望用活人为他殉葬。"陈子亢说："用活人殉葬，这是不符合礼的规定的。虽然如此，但在地下伺候的，有谁比得上他的妻子和总管更合适呢？如果这件事可以取消，则罢了；如果不能取消，那我打算用你们两个人来殉葬！"于是，殉葬的事也就这么罢了。

这就是"己所不欲，勿施于人"。梁人想着自己的瓜苗不愿意被人破坏，不仅不去破坏楚人的瓜苗，甚至还以德报怨，终以宽容和善意化解了一场恩怨。陈子亢如何劝解嫂子的非人道之举，就是简单地告诉了她一个道理，想要去做一件事，首先扪心自问一下，自己愿不愿意做。如果连自己都不愿去做，那我们要将心比心，也千万别强求他人去做。所以说，人不能总为自己活着，要学会替他人着想。你希望得到别人的友爱、帮助、宽容，你就该首先对别人友爱、帮助、宽容；你不愿意别人侮辱、诽谤、伤害自己，你也不要去侮辱、诽谤、伤害他人。如果用佛家的话说，那就是种什么因，收什么果，你的所作所为，最后又都会回到你自己的身上。

现实生活中，总有那么些以自我为中心的人，往往不会站在对方的角度替别人设身处地地着想。自己不想做的事就推给别人去做，自己所讨厌的事物硬推给他人；而自己想做的事，根本不去考虑会不会损人利己，自己喜欢的东西，也不管人家是否愿意。以自己的利益和感受为中心，不顾他人的利益和感受的人，人家又怎么会和你交朋友呢？人人生而平等，为人处世应有同情心，以恕道待人。多为对方着想，不仅可以让我们拥有宽广的胸怀，收获更多朋友，也可以让我们远离仇怨，享受生活的快乐。

这是一个真实的故事。非洲某个国家，白人政府实施"种族隔离"政策，认为黑人是低贱的种族。白人不喜欢与黑人来往，甚至还规定黑人不能进入他们专用的公共场所。有一天，有个美丽的白人姑娘在沙滩上日光浴，阳光晒着很舒服，慢慢地，她睡着了。当她醒来时，太阳已经下山了。她很饿，于是走进了沙滩附近的一家餐馆。15 分钟过去了，没有一个侍者前来招待她。她看到那些招待员都忙着侍候比她还迟来的顾客，对她则不屑一顾。她非常生气，想去责问那些招待员。当她站起身来，准备前去理论时，突然看着镜中的自己，眼泪不由夺眶而出。原来，她已被几个小时的日光浴晒黑了。此时，她终于真正体会到了黑人被白人歧视的滋味。

耶稣的名言："你们愿意人怎样待你们，你们也要怎样待人。"这其实和孔子的"己所不欲，勿施于人"是相同的意思。它们都被公认为具有普世价值的全球伦理黄金律令。人生而平等，万不可把自己的意志强加在别人身上。推己及人、换位思考、将心比心，生活中哪还会有那么多的怨与仇？

八

【原文】恩欲报，怨欲忘，报怨短，报恩长。

【译文】受人恩惠要予以报答；别人有对不起自己的事，要忘记它。怨恨的事不要记得太久，报恩则要长记在心。

任何人的生存和发展都离不开他人和社会。父母的养育、领导的提携、伯乐的知遇、朋友的帮助、自然的滋养和社会的给予，等等，我们都须感激和回报，这就是感恩。我国自古就有"施惠勿念，受恩勿忘""乌鸦反哺，羔羊跪乳""大恩大德，永世不忘""滴水之恩当涌泉相报"等诸多表达感恩的古训，并以此作为中华民族的传统美德一直延续至今。

当然，社会上也总有那种忘恩负义甚至恩将仇报之徒。这些人自私、冷漠，会算计别人，以为全世界的人都是傻瓜，只知索取，不思回报，这样难免会产生是非恩怨。这样的人，大家会避之惟恐不及。所以他们在以后的人生道路上只会越走越窄，越走越孤独。人和人的相处，真的是一门艺术。当我们接受他人的恩惠时，一定要将心比心，知恩报恩，这样才会得到更多的关爱和扶持，人生道路上才会少一些风雨，多一点温暖和阳光。

《史记·韩长孺列传》中的韩安国是汉初名将，他不仅在平息吴、楚七国叛乱时有功，而且在后来对匈奴的作战中也是重要的将领。他曾经帮助梁孝王和汉景帝化解了几次危机，深得汉景帝的信任。后来韩安国因犯法被判罪，看管监狱的狱吏田甲是一个势利小人，平时就喜欢欺负那些囚徒，于是就去侮辱韩安国。韩安国说："死灰难道就不会复燃吗？"意思是万一哪天我官复原职，看你怎么办。可是田甲轻蔑地说："要是复燃了，我就撒一泡尿浇灭它。"没过多久，梁国内史的职位有了空缺，朝廷派使者任命韩安国为梁国内史，把他从罪犯直接提拔为二千石级的官员。田甲知道这件事后，非常害怕，于是弃官逃跑了。韩安国放话说："如果田甲不继续任原来的官职，我就要灭掉他的宗族。"田甲只好回来，并脱衣露胸前去谢罪。韩安国笑着说："你可以撒尿了！像你们这些人值得我惩办吗？"打那以后，韩安国不仅没有惩治他，反而对他很好。田甲对韩安国感激万分，众人也对韩安国的人品和胸襟大加赞赏。

韩安国如果惩治了原来侮辱他的田甲，本也无可厚非，但韩安国是个有抱负的人，他的理想是治国安邦，所以对于田甲的侮辱只是一笑泯恩仇。不计较，宽厚待人，不仅能赢得更多人的尊重，更是事业走向成功之道。

泰国的一则公益广告《给予是最好的沟通》，给人带来莫名的感动。广告中，一个小男孩因为母亲生病，没钱买药，于是去药店偷了三包止痛药，但是被老板娘抓住了。面对老板娘的质问，小男孩只能低着头。

对面的米粉店老板恰好看到了这一幕，便帮小男孩付钱买了药，还让女儿打包了一份蔬菜汤给他。30 年过去了，老板一直经营着那家米粉店，对于有困难的人也依然乐善好施。有一天，老板突然晕倒了，病得非常严重，需要支付高额的医药费。女儿面对 79 万泰铢的费用一筹莫展，只能在米粉店的门口挂上了"出售"的字样。第二天，守在父亲身旁的女儿从睡梦中醒来，发现身边有一封信，打开来看，居然是一张医疗费用为零的账单及一封信。信上写道：所有费用已经在 30 年前付过了——三包止痛药和一份蔬菜汤。此时米粉店老板的女儿才知道，这位父亲的主治医师，就是 30 年前父亲帮助过的那个小男孩。这个情节曲折如电视剧的故事，真实地发生在生活中，感动着无数的观众。

给予总是双向的，30 年前的滴水之恩，却换来了今天的涌泉相报。米粉店老板是个乐善好施之人，总是用自己店里的食材帮助着那些需要帮助的人。也许给予小男孩的帮助，对于老板来说只是一次不经意的善举，但对小男孩来说这份最艰难时刻的帮助却是一份铭记一生的恩情。30 年后，当角色互换，原来的受恩者变成了施惠者，原来的施惠者变成了今天的受恩者。这一转变，体现出了人世间的脉脉温情，也印证了"好人有好报"这句最淳朴的俗语。当别人遇到困难之时，我们只要伸出我们的双手，也许只是三包止痛药和一份蔬菜汤，看起来是那么的不起眼，但换来的可能是整个世界。

感恩就像一条纽带，连接起了人与人之间的亲情、友情、爱情，让生活中充满了温暖。"知恩图报"是每一个人应有的最基本道德，也是传递人间真爱最朴素的方式。对于施惠者，不要想着去索取报答，但对于受恩者，要铭记在心，时刻想着在合适的时候报答人家。虽然俗话说"大恩不言谢"，但那也只是嘴上不说，心中却要时刻牢记，否则，对于别人的恩情无动于衷，那就成了忘恩负义的白眼狼了。孔子在《孔子家语》中说："其仁人也，不忘久德，不思久怨，仁矣夫。"仁德之人不会忘记别人给你的恩德，也不会纠结于别人对你的怨恨，这才是仁德啊。在孔子看来，记德不记怨也是仁爱之心的一种表现。

九

【原文】待婢仆，身贵端，虽贵端，慈而宽。

势服人，心不然，理服人，方无言。

【译文】对待家中的婢女与仆人，要品行端正，以身作则。虽然品行端正很重要，但是仁慈宽大更可贵。如果仗势威逼别人服从，对方难免口服心不服。唯有以理服人，别人才会心悦诚服，没有怨言。

无论作为领导，还是作为家长、老师、朋友，首先在品行方面要率先垂范，处处以身作则，才能做到上行下效，起到良好的示范效应。也就是孔子在《论语·子路》中说的："其身正，不令而行；其身不正，虽令不从。"同时，在面对生活中的矛盾、摩擦时，我们心胸开阔，仁慈宽容，能容人、容事，严于律己，宽以待人，不斤斤计较个人得失，这样才会活得更洒脱。

郭子仪和李光弼是唐朝著名的将领，平定了安史之乱，扭转了唐朝的命运。若单论战功、军事造诣，李光弼被誉为"战功推为中兴第一"，可能比郭子仪要更出色一些。但最后二人的结局堪称迥异，一个是"权倾天下而朝不忌，功盖一代而主不疑"；一个则是疑惧重重，最后郁郁而终。那么到底是什么原因造成了两位大功臣之间如此之大的差异呢？这和两人的性格及为人处世有着很大的关系。郭子仪为人宽厚温和、谦虚谨慎，而且心胸宽厚，深谙进退之道，很少得罪人。李光弼为人严肃，深沉而刚毅，个性极强。他治军极严，不仅部下畏惧，就是连敌方的将领们都畏服他的威名。但这种性格经常得罪人，也很难与人相处。

《资治通鉴》中记载：刚开始郭子仪与李光弼同为安思顺麾下的将领，但两人的关系并不融洽，即使坐在一起也不交谈。后来郭子仪代替安思顺当上将军后，李光弼恐怕郭子仪报复而被诛杀，于是对郭子仪下跪请罪说："我情愿一死，只求你放过我的妻子和儿子。"郭子仪走下堂来，握住他的手说："如今国家动乱，主公受人侮辱，不是您不能平定叛乱，我又怎能心怀私怨呢！"于是一边流着泪一边对李光弼用忠义之道加以勉励，并立即推荐他为节度使，从此两人一起平定乱贼，没有丝毫猜忌。

当时的权臣鱼朝恩由于担心两人的功绩过大影响自己在朝中的地位，于是采用中伤、迫害的方式，经常在皇帝面前诬陷他们俩。李光弼虽战功卓著，但个性太强而又不太宽厚，再加上不懂进退之道，害怕一旦离开自己的军队而遭迫害，于是凭借手中的重兵不理朝廷的屡次征召。这种为了个人的安危而不顾大局的行径，让手下诸将日益不听指挥，李光弼从此失去了往日的威严，最后在猜疑与恐惧中羞愧成疾，早早死去。

鱼朝恩同样也想尽一切办法迫害郭子仪，甚至派人掘了郭子仪父亲的坟墓，但郭子仪为大局考虑，尽力把大事化小。他说："我长期带兵，也不能禁止士兵的暴行，损坏百姓的坟墓也是很多的。这是臣的不忠不孝，招致上天惩罚，不是人祸。"满朝大臣都十分敬佩郭子仪的雅量，鱼朝恩对郭子仪也心生感激，便邀请郭子仪一起出游，以示和好。宰相元载派人对郭子仪说这是鱼朝恩设的鸿门宴，部下都主张带卫队前往。郭子仪没有同意，只带十几个家僮前去。鱼朝恩看见家僮都带有戒备的神情，便诧异地来问原因。郭子仪把听到的话告诉了他，这时，连坏事做绝的鱼朝恩都被感动了，他说："若不是你这样的长者，这种谣言能不让人起疑心吗？"

我们常说性格决定命运。相较李光弼，郭子仪有着更博大的胸襟，始终把国家利益置于个人恩怨之上，而且宽以待人，宰相肚里能撑船。虽屡遭谗言，却以自己的德行让诸大臣甚至对手都心服口服。最终得以告老还乡，安享晚年。

《魏书》中记载，北魏时，有位叫甄琛的，被地方官员举荐为秀才，后到京都候选。因单身在外，无人监督，天天沉溺于下棋而浪费了很多时间。为了下棋，他经常通宵达旦彻夜不眠，让老仆给他手持蜡烛照明。老仆日夜操劳，有时困倦到了极点，打起瞌睡，甄琛便用棍棒处罚他，如此多次。后来，这个老仆被打得实在受不了了，就对甄琛说："你辞别父母来京都是谋求官职，理当刻苦求学。如果是为你读书而秉烛伺候，我毫无怨言。可你是天天下围棋，又没日没夜地下，难道我们来京城的目的是下棋吗？而且还因为下棋打我，处罚我，这不是太没道理了吗？"一席话，说得甄琛顿时警醒悔悟，于是开始悔改，借了书认真研习，从此学问也一天比一天有长进，后官至吏部尚书。

这位老仆对于甄琛的规劝可以说是有理有据，甄琛也不依仗自己的身份以势压人，知过就改，最终成就了一番事业。我们不禁要为他点个赞。

　　我们在与人的交往中，要多尊重他人，懂得以理服人，以德服人，而不是凭借武力或仗势欺人，这样才能让人心服口服。正如孟子所说的"以力服人者，非心服也，力不赡也；以德服人者，中心悦而诚服也"。用武力去征服别人的，别人并不是真心服从他，只不过是力量不够罢了；用道德使人归服的，那才是心悦诚服。只有以自己的修养和品德去感染人，才能让人打心眼里佩服你、尊重你，从而减少矛盾和摩擦，让生活充满阳光。

第四章　亲仁

一

【原文】同是人，类不齐，流俗众，仁者稀。

【译文】同样是人，却有善恶邪正、心智高低之分，良莠不齐。受社会潮流风气影响的人多，仁慈博爱的人少。

　　孔子思想体系的核心是"仁"，他把"仁"提升到道德的最高范畴，认为"仁者"就是品德高尚之人。孔子将"仁"定义为"爱人"，即有博爱思想，要做到"己欲立而立人，己欲达而达人"，"己所不欲，勿施于人"，并要做到"克己复礼"。孔子在回答子张问仁时还说："能行五者于天下，为仁矣。"五者分别为"恭、宽、信、敏、惠"。孔子还认为仁者必须"先难而后获"，也就是对待困难要身先士卒，迎难而上，而对于收获、好处则要先人后己。孔子定下"仁"的标准和要求实在是太高了，看来能被称为"仁者"的人应该是非常不容易的。虽然孔子提倡世人尤其是君子应该践行"仁"这一基本的道德行为准则，但他也承认，现实生活中的圣贤仁者的确是凤毛麟角，少之又少。

战国时期，齐国国都临淄的稷门附近，曾经屹立着一座中国最大、世界最早的官办大学——稷下学宫。稷下学宫始建于齐桓公时期，发展于威王之时，至宣王时达到鼎盛。稷下学宫在其兴盛时期，汇集天下贤士多达千人左右，其中著名的学者如孟子、淳于髡（kūn）、荀子等，这些学者互相争辩、诘难、吸收，真正成就了战国时期的"百家争鸣"。齐宣王即位时，当时齐国的综合国力迅速壮大，他一心想称霸中原，完成统一中国的大业。为此，他像其父辈那样广招天下贤士而尊宠之，大办稷下学宫。齐宣王不仅让那些贤士享受大夫的政治地位和待遇，还让他们著书立说，展开学术争鸣，鼓励他们积极参政、议政，从而可以很好地吸纳他们有关治国的意见和建议。

《战国策·齐策》中有段文章，说的是齐宣王不惜耗费巨资广开门路招贤纳士，当时的政卿大夫淳于髡，博学多才，能言善辩，他在一天内就向齐宣王推荐了七位贤士。齐宣王打心眼里高兴有这么多的贤士能为自己所用，但心里又有点怀疑怎么一下子会出现这么多的贤士，不是说贤士很难得吗？于是对淳于髡说："你过来，我听说如果能在方圆千里的范围内找到一位贤人，那么天下的贤人就多得可以肩并肩地排成行站在你面前；百代之中如果出一个圣人，那么世上的圣人就多得接踵而至了。如今你一个早晨就给我推荐了七位贤士，那贤士不也太多了吗？"淳于髡笑了笑说："不是这样的。那翅膀相同的鸟类栖居在一起生活，足爪相同的兽类一起行走。如今若是到低洼潮湿的地方去采集柴胡、桔梗，那世世代代采下去也不能得到一两。到睾黍山、梁父山的北坡去采集，那就可以敞开车去装了。世上万物都是以同类相聚的。如今我淳于髡是贤士一类的人，君王向我寻求贤士，就好像到黄河里去取水，在火石上取火。我将要再向君王引荐贤士，哪里只是七个人。"

淳于髡的一番话，让齐宣王听了直点头。后来人们用"物以类聚，人以群分"来比喻同类的东西常聚在一起，志同道合的人相聚成群，反之就分开。这个故事同时也说明了一个事实，那就是世上品德高尚而又有才干和担当的"仁者"真的是非常珍稀的。孔子也曾感慨："已矣乎，吾未见好德如好色者也。"翻译过来就是：完了，我从来没有见像好色那样好德的人。好色是人的本能，告子也说"食、色，性也"。但是在好德方面绝大部分人就做得很不够。尤其是到了现代，社会经济在迅速发展，但社会道德水平却逐渐在沦丧。个人主义、拜金主义盛行，一切向钱看，人们在不断追求物质利益的时候，往往忘记了人性的高贵和美德的意义，从而人文精神匮乏，道德观念混乱，社会上的失德现象此起彼伏，就连扶个倒地的老太太也成了大家争论的焦点，到底要不要扶，应该怎样去扶。

儒家强调人的本性（天性）是向善的，是好的，只是由于后天生活环境和教育的不同影响，才慢慢出现了善与恶的分化。这也就是孔子所说的"性相近也，习相远也"（《论语·阳货》）。所以孔子提出了"友其士之仁者"的主张，就是要选择那些品德高尚的人做朋友，要经常接受他们的影响和熏陶。也许有人会说我们都是平庸之人，不可能成为圣贤仁者，但孔子说："仁远乎哉？我欲仁，斯仁至矣。"也就是说，只要愿意，每一个人都可以达到仁的境界。比如我们从力所能及的小事做起，尊重每一个人，接受帮助或服务一定要说感谢，麻烦别人说声对不起，不浪费粮食，过马路要看红绿灯，公共场合不大声喧哗，不乱扔瓜皮纸屑，上完厕所记得冲水……所有这些，只要你能做到并持之以恒，每天进步一点点，你就是走在"仁道"上，向"仁"靠近。

二

【原文】果仁者，人多畏，言不讳，色不媚。

【译文】如果有一位仁德的人出现，大家自然敬畏他，因为他说话公正无私没有隐瞒，又不讨好他人。所以大家才会起敬畏之心。

　　子夏在《论语》中曾经这样评价君子的仪容言语，说："君子有三变：望之俨然，即之也温，听其言也厉。"意思就是：君子会使人感到有三种变化，远远望去庄严可畏，接近他时却温和可亲，听他说话则严厉不苟。君子有大德，不苟且，所以看上去很庄重；君子有仁爱之心，以爱己之心爱人，从内心深处去关心、爱护和帮助他人，说话的时候充满了感情；君子以德化人，诤言育人，忠言逆耳却利于行。这是一种很高的境界，其实就是子夏对孔子的评价。但遗憾的是，在现实生活中，我们却时常看到很多人有着明显的"两变"：对领导的态度一变，对下属的态度又一变；对有钱人态度一变，对穷人态度又一变；领导在场时工作态度一变，领导不在场时工作态度又一变；听到表扬时一变，听到批评时又一变；
面对赞同意见时一变，面对反对意见时又一变。这就是典型的小人。

君子仁者以"仁爱"为核心，有着博大的情怀和高尚的精神世界，
一般人见到他们都会心生敬畏。人们倒并不是畏惧他们的地位或权势，
而是感慨于与之比较的差距，折服于他们的德行和涵养。君子仁者有着
高度的社会责任意识，处处为社会和大众着想，不追求名利，行为端正，
不会巧言令色，更不会刻意去谄媚或违心地讨好别人。

《世说新语》中有篇《何充直言不讳》，说的是东晋王含担任庐江郡
的行政长官的时候，贪污受贿很厉害。当时掌握军权、权倾一时的王敦
祖护他的哥哥，故意在与很多人坐在一起谈话时称赞他哥哥，说："我的
哥哥在庐江郡一定做得十分好，庐江郡的人都称赞他。"当时何充担任王
敦的文书，严肃地说："我是庐江郡的人，我所听到的与这种说法不一样。"
王敦一下子没话可说了。在座的其他人都为何充感到不安，而何充神色
自如，和平常一样。

何充因直言不讳得罪了王敦，被降职。但何充为人刚强果敢，才识
度量过人，慢慢地一步一步往上升，最后官至宰相，执掌国政。何充在
管理国家的时候，一身正气，以国家兴旺为己任，凡是选任官职，都以
功臣为先，从不考虑裙带关系，人们因此十分敬重他。像何充这样不畏
强权，直言不讳，敢在大庭广众之下当场揭穿顶头上司谎言的，应该是
不多见的。现实生活中，大部分人明明知道领导睁着眼睛说瞎话，但慑
于领导的权势，担心惹祸上身，往往会选择缄口不言。还有一部分人很
能领会领导的意图，领导说白的就是白的，领导说黑的就是黑的，罔顾
事实，颠倒黑白，溜须拍马。在这些人眼里，领导的想法和意图就是原
则立场之所在。这种人深谙"厚黑"之道，为达到某种目的，在领导面

前可以低三下四，不惜当孙子。一旦达到目的，得了权势，立即换作另一番嘴脸，当起大爷来了。

北宋名臣包拯是中国历史上有名的清官，他廉洁公正，铁面无私，敢于替百姓鸣不平，人称"包青天"。包拯性情严峻刚正，大公无私，既不会两面三刀，更不会搞阴谋诡计。他跟人交往不随意附和，不以巧言令色取悦人，更不说大话、假话。即使是在皇帝面前，他也敢于直言，不怕触怒龙颜。

在帝制时代，皇位继承人的确立，事关皇权的传承、国本的巩固，所以，立储——选定太子一事的重要性不言而喻。宋仁宗因为没有儿子，所以迟迟不能在立太子这件大事上做出决定。很多大臣非常着急，也有多人上奏希望能早日立储，有利于国家稳定，但皇帝老儿一直没有松口。当时刚升为谏议大夫的包拯就上奏说："太子的位置空缺已经很久了，天下人都为此感到担忧，陛下这么长时间不做出决定，是为什么呢？"宋仁宗问他说："你认为立谁好呢？"包拯回答道："臣下无能，还没有考虑，臣请求早立太子，是为宗庙万世之大计着想的。陛下问臣想立谁，这是怀疑臣。臣已是60岁的人了，又没有儿子，并不是为自己和后代邀宠考虑的啊！"仁宗对于这个都快听腻了的话题不但没有怪罪包拯，反而为包拯的一片忠心感到挺高兴的。包拯还进一步建言：宫内的宦官，权力太大，待遇太多，应该精减人员和开支。这可是对皇帝的亲信直接开炮啊，一般的皇帝可能早就拉下脸来了。还好，宋仁宗十分开明，说："忠鲠之言，固苦口而逆耳，盖有所益也。设或无益，亦无所害，又何必拒而责之。"包拯在担任监察御史和谏官期间，也屡屡敢于拼死直谏，有时唾沫星子都飞溅到仁宗脸上，但仁宗一面用衣袖擦脸，一面还接受他的建议。

包拯执法严峻，敢于弹劾权贵，维护正义，从而"威名震动都下"，名垂青史。一个有德有才的君子仁者，不求名，不逐利，"壁立千仞，无欲则刚"，一身浩然之气，刚直不阿。也正因为君子仁者能以道义作为为人处世的标准，所以在任何时候都能坦然自适，不说违心的话，不做违心的事，更不巴结谁，也不看谁的脸色，享受着道义给人带来的无比安适。

三

【原文】能亲仁，无限好，德日进，过日少。

不亲仁，无限害，小人进，百事坏。

【译文】能亲近仁人君子，会带来无限的好处。自身品德会一天天地进步，过错会一天天地减少。不亲近仁人君子，会带来无限祸害，因为小人会趁虚而入，做什么事情都会失败。

我们常说：滴水不成海，独木难成林。人作为一种社会性的动物，朋友很重要，没有人能独自在人生的海洋中航行。对于如何交朋友，曾国藩说："一生之成败，皆关乎朋友之贤否，不可不慎也。"从某种意义上说，选择了什么样的朋友，就选择了什么样的人生。孔子也曾说过："见贤思齐焉，见不贤而内自省也。"我们要多亲近那些良师益友和仁者贤人，这样可以让自己的道德学识日益精进，不断提高，而经常跟着那些损友邪师在一起，我们不仅会毫无进步，甚至会走向堕落。因为人总是很容易受他人影响，而且这种影响往往是潜移默化，不知不觉的。正如孔子说的：与善人居，如入芝兰之室，久而不闻其香，即与之化矣；与不善人居，如入鲍鱼之肆，久而不闻其臭，亦与之化矣。

南朝时候，有个叫吕僧珍的人，出身寒微，曾跟随梁武帝立下赫赫战功。后梁武帝有意让他荣归故里，于是就任命他为家乡南兖州（今江苏扬州）的刺史。吕僧珍任职期间，公正廉洁，不徇私情。他在公堂办事，连自己的兄弟都只能站在外面，不准随意进入公堂，以免私情滋扰。回到家里，他就立即回归了亲人的角色，和大家坐到一起促膝谈心，亲密如故。他叔伯兄弟的儿子原是卖葱的，听说吕僧珍当了本州刺史，就跑来要当个官。吕僧珍则劝他安守本分，还是回去卖葱。吕僧珍的老屋在市场之北，前面是一幢督邮官署。有人建议他把这幢房子挪走，扩建住宅，吕僧珍毫不犹豫地拒绝了这种损公肥私的做法。吕僧珍的姐姐嫁到于家，居住在一座夹杂在市肆里的小屋中，他经常和众同僚到闹市去看望姐姐，并不感觉有失自己的身份。吕僧珍生性老实，又是饱学之士，待人忠实厚道，从不跟人家耍心眼。他家教甚严，家风极好，远近闻名。

南康郡守季雅被罢官以后，觉得若能与品德高尚的吕僧珍为邻，最合适不过，于是就花重金买了吕僧珍住宅旁边的一座房屋。后来两位邻居聊天时，吕僧珍问季雅这幢房屋多少钱，季雅说一千一百万。吕僧珍觉得太贵了，季雅却笑着说："买宅子是花了一百万，而那一千万是用来买你这位好邻居的。"

季雅不惜千金买邻，其用意和孟母三迁一样，说明周围的环境和人是多么重要。一个人若能经常和仁者贤人在一起，耳濡目染他们的一言一行，以榜样的标准要求自己，德行自然就会日渐提升，过错和不足会越来越少。若是每天和那些德行低下的小人在一起，慢慢就会沾染上不良的习气，德行就会江河日下。尤其是中小学生处在人生观的形成期，交友一定要慎重，学好千日不足，学坏一日有余。

李存勖是唐末节度使李克用的儿子，小名亚子。11岁时，李存勖就跟随父亲出征，胆识过人，长于谋略，而且心性豁达，骁勇善战，精通音律，可谓文武双全。李克用以复兴唐朝为名与后梁争雄二十余年，最终未完成霸业，得病而死。为完成父亲的遗愿，李存勖身先士卒，统率军队南征北战，南击后梁，北却契丹，东取河北，西并河中，中兴唐朝霸业，并在魏州称帝，史称"后唐"。但称帝后的李存勖却没能成为一个好皇帝。他认为父仇已报，中原已定，便不再进取，开始享乐。李存勖是个戏迷，从小就特别喜欢看戏、演戏。他组建了一支最好的戏班子，整天与那些优伶厮混在一起，不理朝政，还涂脂抹粉，穿上戏服登台表演，并自取艺名为"李天下"。李存勖对伶人极为宠信。早在称帝之前，便曾因任用伶人为刺史，而贻误战事。由于李存勖的宠信，伶人们更是随意出入宫禁，甚至还控制朝政大事，欺侮大臣。许多官员对此敢怒不敢言，有的甚至反过来巴结伶人，以求保富贵，甚至连藩镇节度使这样的重臣也争相以重金向伶人行贿。在众多的伶人中有一个叫景进的，最受李存勖宠信。李存勖以景进为耳目，去刺探群臣的情况，想知道宫外之事都要屏退左右，单独询问。景进往往根据自己的喜好在李存勖面前评价众大臣，大进谗言，干预朝政。景进说谁好，谁就沾光，说谁不好，谁就遭殃。文武百官对景进都忌惮不已，只能处处讨好他。一个优伶竟然祸乱朝政到了这样的地步，也真是荒唐可笑。再加上纵容皇后干政，疏忌、杀戮功臣，横征暴敛，又吝惜钱财，以致百姓困苦、藩镇怨愤、士卒离心，最终导致兵变，李存勖也是郁郁而死。

由此可见，周边的环境和人对我们是多么的重要。难怪孔子说："益者三友，损者三友。友直，友谅，友多闻，益矣。友便辟，友善柔，友便佞，损矣。"与益友交，对我们品德提升、事业发展都会有很大的好处；反之，与损友交，不但无益，还有可能让我们陷于危险之中。近朱者赤、近墨者黑的道理，总还是不错的。

第五章　学文

一

【原文】不力行，但学文，长浮华，成何人。

但力行，不学文，任己见，昧理真。

【译文】不能身体力行孝、悌、谨、信、爱众、亲仁这些本分，一味死读书，纵然有些知识，也只是增长自己浮华不实的习气，变成一个不切实际的人。反之，如果只是一味做事，不肯读书学习，就容易依着自己的成见做事，蒙蔽了真理，也是不对的。

　　《弟子规》在总序中就明确，这本书是依据至圣先师孔子教诲的"弟子入则孝，出则弟，谨而信，泛爱众，而亲仁，行有余力，则以学文"展开的。孔子教育我们，做人应该首先对父母和兄弟姐妹要孝悌，其次，日常言行要谨慎，为人诚实守信，更要博爱大众，亲近仁者，当你具备这些该有的基本品质后，若有余力，再去好好地学习文化知识。孔子在这里强调的主次和先后非常明确，学会好好做人甚至比学习文化知识更重要。因为做事先做人，这是亘古不变的道理。孔子曾说："子欲为事，先为人圣。"司马光也在《资治通鉴》中写道："才者，德之资也，德者，才之帅也"，"是故才德全尽谓之'圣人'，才德兼亡谓之'愚人'；德胜才谓之'君子'，才胜德谓之'小人'"。司马光认为才是德的辅助，而德是才的统帅。只有德才兼备的人才能称圣人，无德无才则称愚人，而德胜过才称君子，才胜过德称小人。如果一个人人品不好，他学历越高，专业知识和技能掌握得越好，带来的危害越大。

现在的教育存在着一个很大的问题，那就是片面追求文化知识的学习，品德方面的教育反而不那么重视了。评价一个学生的好坏，更看重的是分数的高低，而不是人品的好坏。但是学习好就代表一个人什么都好吗？考上了好大学就代表他成才了吗？中国最顶尖的象牙塔中，发生过几起投毒事件，其结果要么致人死亡，要么致人终生残疾，骇人听闻。投毒者拥有极高的智商，利用学习的专业知识以及工作便利，取得了置人于死地的有毒物质，进而痛下杀手。马加爵、药家鑫，因为一点琐事便心生不满，最终发生了杀人事件，手段之残忍，社会反响之大，令人瞠目结舌。我们都说知识改变命运，但是当一个人的人品出现了问题，人的命运就会滑向悲剧的方向。12岁那年，王阳明问了私塾老师一个问题："何为第一等事？"老师告诉他，第一等事无非就是科举及第。王阳明对老师的回答不以为然，他觉得第一等事应当是"读书学圣贤"。"成圣"成了王阳明的"第一等事"，也成为他毕生的追求。我们当然不太可能去成圣成贤，但仁、义、礼、智、信等这些做人应该有的最基本品质还是要先学习的，再通过学习文化知识不断提高自己。毕竟学习文化知识是我们认识世界、提高能力的最重要途径。

如果一个人不爱好学习文化知识，那么就不可能增智、解惑、辨是非，也不可能在学识、能力、品德等方面不断进步，最终成为一个碌碌无为的庸者，甚至成为一个分不清是非的愚者。

"不学无术"这一成语出自班固的《汉书·霍光传》，是对大司马大将军霍光的评价。霍光是霍去病的弟弟，可谓汉王朝举足轻重的权臣，历经汉武帝、汉昭帝、汉宣帝三朝，掌握朝政大权四十多年，可怎么会被冠以不学无术的评价呢？霍光深得武帝信任，武帝临死前，把幼子刘弗陵（昭帝）托付给霍光辅佐。昭帝没有儿子，去世后，霍光迎立汉武帝的孙子刘贺即位，但不久之后就以淫乱无道的理由废除了他。霍光又立刘询做皇帝，这就是汉宣帝。汉宣帝即位初，对霍光表面上很信任，但内心十分忌惮，与之同车时"若有芒刺在背"。刘询继承皇位以后，立元配妻子许妃为皇后。霍光的妻子霍显，想把自己的女儿嫁给刘询做皇后，背着霍光把许妃毒死了。事情败露后，宣帝要查明真相，霍显害怕事情败露，便向霍光坦白。霍光非常惊骇，指责妻子不该做这种事情。他也想追究妻子的责任，但最终还是碍于夫妻情分替她掩盖了过去。霍光死后，有人向宣帝告发这件事，宣帝就派人去调查。霍显知道大难就要临头，就与家人、亲信商量并决定召集族人谋反。事情败露后，宣帝将霍家满门抄斩。所以东汉史学家班固评论霍光的功过，说他"不学无术，暗于大理"，意思是霍光不读书，没学识，因而不明关乎大局的道理。

昭帝没有儿子，但汉武帝还有其他儿子，霍光却选择武帝的孙子为帝，这是典型的不合规矩；霍光也没有把自己的家庭管好，让妻子做出大逆不道之事，也就是"修身齐家"方面没做好，可谓"不学无术"。霍光权倾朝野，势高震主，不知进退，致使主上不君，臣下不臣，这就是"暗于大理"了。"不学无术，暗于大理"的霍光，最终让整个家族落了个悲惨的下场。

　　立业先立德，做任何事情，都是从做人开始的，再通过不断学习提升自己。读书学习不仅仅是一个专业知识技能不断提升的过程，更是一个人品不断提升的过程，从而让我们在为人处世上更加识大体、懂进退，游刃有余。

二

【原文】读书法，有三到，心眼口，信皆要。

方读此，勿慕彼，此未终，彼勿起。

【译文】读书的方法要注重三到：心到、眼到、口到，这三者缺一不可。读书时要专一，不能这本书才开始读就想读其他的书，不能这本书还没有结束，便放下去读下一本书。

　　书是我们成长道路上的伴侣和灵魂，为我们带来智慧的源泉和精神的力量。读书可以增智明理，励志修德，更可以怡情养性，提升个人的内涵和魅力。

　　无论做什么事，方法很重要。方法对了，可能会收到事半功倍的效果；方法不正确，可能会事倍功半，收效甚微。朱熹强调读书必须"居敬而持志"。"居敬"，就是要态度恭敬，精神专一，用心读书。他说："读书有三到，谓心到、眼到、口到。心不在此，则眼不看仔细，心眼既不专一，却只漫浪诵读，决不能记，记亦不能久也。三到之中，心到最急。心既到矣，眼口岂不到乎？"朱熹说的读书要做到"心到、眼到、口到"，三者缺一不可，其中又以"心到"为最重要。心到了，眼和口自然就会到了。如果心思不在书本上，那么眼睛就不会仔细看，心和眼不能专心一意，只是走马观花，即使口中念念有词，那也只能是小和尚念经有口无心，那就不能读懂书中的意思，读了也没效果。现在的孩子，从小接触的信息多，视野开阔，思维也活跃，但受到的诱惑也多，上课或看书时想着电视、电脑或某款游戏，甚至耳朵里塞着耳机听着歌曲，一心二用，精神不能集中，读书的效率自然就低。后人把朱熹的"三到"读书法奉为有效的读书法，这是有科学依据的。

心理学上有个"感官协同效应"，就是多使用感官，会学得更好。研究表明，参与收集信息的感官越多，所得到的信息就越丰富，所学的知识也就越扎实。就是说，多种感觉器官一齐上阵，能够提高感知的效果。科学研究发现，从听觉获得的知识能够记住15％，从视觉获得的知识能够记住25％，如果把两者结合起来，就能记住知识的65%。朱熹的"三到"其实就是以心为本，把视觉和听觉很好地结合起来，从而获得了更好的学习效果。

我们学英语时，往往是用眼睛去看，用嘴巴去读，然后用脑子去记，记住一些单词和语法规则。但是，当我们需要用英语去交流时，我们往往既听不懂又说不出，也就是我们学的是"哑巴英语"和"聋子英语"。这种单纯依靠视觉去记忆的方式，是很难真正学好英语的。学习英语就是要读、写、听、说四个方面相结合。首先要认真看，然后朗读，再用笔写写画画增强记忆，还要多听，再到各种能练习英语口语的环境中与人多交流，这样听力和口语水平才会提高，不仅让我们能考好英语，还能听懂英语，更能说好英语，真正做到学以致用。大文豪鲁迅也提出读书要做到"五到"，即心到、口到、眼到、手到、脑到。心到是讲读书时要精力集中，专心致志；口到即读书就要读出声来，有的文章还要大声地有感情地朗读；眼到指目光专注，善于观察，善于发现；手到指边读边做笔记，不动笔墨不读书；脑到就是善于动脑筋，勤于思考。只有这样，才能提高学习的效率。

明史上有段"七录七焚"的佳话，讲的是明朝的文学家张溥自幼发奋读书，但天资并不太好，所以常常用"读书百遍其义自见"激励自己，以勤补拙。对于四书五经之类的书，他经常几十遍甚至上百遍地苦读，才能把文章记住。一次，老师让张溥背诵一篇新学的文章，他虽然准备得非常认真，但也只是记住了前面的内容，老师就罚张溥抄文章十遍。张溥回家后就开始认真地抄起文章来，一直到深夜。第二天老师再次检查张溥的背诵情况，张溥发现自己只顾着抄书了，没有刻意去背，但没想到居然非常顺利地背下来了。张溥终于知道，原来抄书也可以增强记忆。此后，他读书必手抄，读后即烧掉，再抄，再读，再焚，如此六七次才算完。张溥右手握笔的地方，手指和手掌都磨出了老茧。冬天手上的皮肤都冻裂了，每天用热水浸泡好几次，然后继续抄写。后来他把读书的房间命名为"七录斋"。张溥就是靠读书时的"心到、口到、眼到、手到、脑到"，以勤补拙，最终成为明代文坛巨匠，编述三千余卷，涉及文、史、经学各个学科，被人称为"百世师"。

鲁迅还提倡在博览群书的基础上，选择自己喜爱的一门或几门，深入研究下去，否则，读书虽多，终究还是一事无成。现在的学生，数理化、政史地、语文、英语等要学的科目非常多，读的书也很杂，但人的精力是有限的，我们只能选择几门感兴趣的而且是拿手的，去仔细读，深入研究，才能真正掌握其中的要义。不能这本书看看，那本书翻翻，东一锤子西一榔头的，贪多嚼不烂，贪快也消化不了。读书、做学问，包括学技能，贵在专和精。所谓的"样样通，样样松"，可能就是因为学得太杂太多，虽然什么都会一点，但会的往往只是些皮毛，没有一样是真正精通的。这样反而不利于人的成长。

三

【原文】宽为限，紧用功，工夫到，滞塞通。

　　　　心有疑，随札记，就人问，求确义。

【译文】在制定读书计划的时候，不妨宽松一些，实际执行时，则要加紧用功，严格执行。日积月累的功夫深了，原来困顿疑惑之处自然就会迎刃而解了。读书时，心里有疑问，随时用笔记下来，一有机会就向良师益友请教，务必确实明白它的真义。

　　读书是一件好事，但也是一件苦事。因为学习不是一朝一夕的事情，需要平时的日积月累。坚持不懈、持之以恒，可以说是学习的不二法门。读书和做人一样，在实现自己梦想的过程中，每个人都要付出汗水和泪水，去克服各种各样的困难，翻越一座座山峰。一个人若无恒心，读书的时候三天打鱼两天晒网，碰到困难就绕着走，不能夜以继日地学习、钻研，坚持到底，即使你拥有一个良好的学习心态和极佳的学习方法，最终也很难走向成功的彼岸。

　　《列子》中有则"纪昌学射"的寓言，讲的是古时候有个叫甘蝇的神射手，非常厉害，可谓箭无虚发，百发百中。甘蝇有个弟子飞卫，向甘蝇学习射箭，技艺又超过其师父。后来，有个叫纪昌的，又向飞卫学习射箭。飞卫说："你先学会不眨眼睛，然后才能谈学射箭。"纪昌回到家，仰卧在妻子的织布机下，眼睛注视着梭子以练习不眨眼睛。三年后，即使用锥尖刺到纪昌的眼皮，他也不会眨眼。他把这件事告诉飞卫，飞卫说："还不行，还要学会看才可以。把小的看大，把微小的看清楚，然后来告诉我。"纪昌用牦牛毛系着虱子悬挂在窗户上，用来练习看。十天过后，虱子在纪昌眼中渐渐变大；三年之后，感觉像车轮般大了。再去看周围其余东西，都像山丘般大了。纪昌于是就用箭去射虱子，结果一箭正穿透虱子中心，而拴虱子的毛却没断。他把这件事告诉飞卫。飞卫高兴地跳了起来，拍着胸脯说："你已经掌握射箭的技术了。"

　　这则寓言告诉我们：要学好本领，必须持之以恒，苦练基本功，解决学习过程中遇到的种种问题和困难。只有坚持不懈地付出，才能获得成功。纪昌为训练自己超人的视力，前后整整花了六年时间，无论过程多么漫长和枯燥，但他都坚持下来了，最终成了一位神射手。其实读书和练习射箭一样，就需要坚忍的意志和坚持到底的勇气。

　　学习贵在坚持的道理很简单，但是现实中却有很多人做不到。我们经常会看到有的同学没有时间观念，爱睡懒觉，甚至上课都会迟到；有的同学上课不能坚持认真听讲，开小差，课后泡网吧，玩游戏；还有的同学一遇到学习中的困难，不是想办法去解决它，而是视而不见、回避它。这样又怎能读好书呢？想要读好书，不仅要有一种不达目的不罢休的意志品质，更要有一种打破砂锅问到底的精神。当然，所谓坚持，并不是一味地机械地读书，科学的读书计划安排也很重要。读书学习是一件长期的事，在读书前，先要为自己制订一份合适的学习计划，每天或每周甚至每月需要完成哪些内容，掌握哪些知识，读几本书，都要提前做好规划，并能严格执行。而且我们一定要养成今日事今日毕的习惯，千万不要犯拖延病，今天的事情拖到明天、后天。这样，计划制订得再漂亮，也只是美好的愿望而已，毫无实际意义。

孔子在学习上还提倡"学而不思则罔，思而不学则殆"的观点，也就是学与思要互相结合，二者并重，不可偏废。学习和思考是相辅相成的，学习的过程中碰到疑问，要有一种虚心请教、不耻下问的精神，通过多种途径解决疑问，通过对所学知识的反思来升华认识，从而获得更好的理解与把握，学与问是结合在一起的。

清朝大臣张曜（1832—1891），少年时家境贫寒，无人管教，读书不行，但人长得魁梧结实，专爱舞枪弄棒。张曜生性勇猛好斗，又好打抱不平，结果惹上了人命官司，只能匆匆逃命。张曜来到了固始县，当上了团练，与捻军几次作战均获大捷。随着战功越来越大，张曜的官也越做越大，后来晋升为河南布政使。布政使，俗称藩台，属于二品大员。清代的官制基本沿用了以文制武的方针，武将只能做武职官，可当总兵、提督等军队长官，但一般不能任文职高官。藩台掌管着一个省里的民政与财政，岂是一介武夫可以胜任的？当时，官场倾轧异常严重，御史刘毓楠就弹劾张曜"目不识丁"，不能担当藩台重任，于是有旨改授总兵之职。因为在仕途上摔了跟头，此时的张曜终于体会到了年少时不肯好好读书的苦恼，年近三十的他，开始拿起书本，发奋读书，并镌刻"目不识丁"四字印，时时佩戴在身以自励。而张曜的老师不是别人，正是他的夫人。张曜的夫人不仅人生得标致，而且知书达礼，琴棋书画样样精通。

从此以后，凡公余时间，都由妻子教他读经史。张曜一遇到学习上的问题，就去请教夫人。在夫人的指点与调教下，张曜在学问方面有了很大的进步，最终诗词、书法、丹青、音乐样样精通，有《河声岳色楼集》传世。大学士左宗棠对张曜十分赏识，多次说张曜"文理斐然"。

学习的过程中难免会遇到各种疑惑，但成功在于不耻下问、随时积累，在于坚持不懈、持之以恒。

四

【原文】房室清，墙壁净，几案洁，笔砚正。

墨磨偏，心不端，字不敬，心先病。

【译文】书房要整齐清洁，墙壁要保持干净。读书时，书桌要整洁，笔墨纸砚等文具要放置整齐。如果内心不端正，磨墨就容易磨偏；如果内心有杂念，字就不容易写端正。

我们常说态度决定一切，没有好的态度很难有好的结果，读书与做人莫不如是。每个人都喜欢生活在一个窗明几净、秩序井然的环境中。无论是生活用品还是学习用品，最好都放置在一个固定的合理的地方，当你要用到某样东西的时候，就可以毫不费劲地找出来，这样可以大大提高生活或学习的效率。

很多孩子做事缺乏计划性和条理性，喜欢乱扔东西，生活学习搞得一团混乱。书桌上常常堆满了各种书籍、作业本、草稿纸、报纸、学习用品，甚至零食也一大堆，连做作业的位置都找不到了。书架上的书虽然很多，但都是乱七八糟地放着，想要找一本书要翻上半天。我们身边的一切用具和陈设常常反映了一个人的性格和修养，做事没有条理，无论工作还是学习都没有效率可言。

现在，有很多父母总是在抱怨自己的孩子，说他们好像无论做什么事总需要大人帮忙，东西总是乱扔，整天丢三落四，甚至连自己的书包都整理不好，到了课堂上才发现忘了带课本或作业本。也许，你会认为把书包整理好是件微不足道的小事，可是小事做不好，又怎么去做大事？古人说："一屋不扫，何以扫天下？"要知道，一个微小的细节也许就影响你的人生。家长也不要认为只要孩子学习好，其他什么都可以不用管。这样会造成孩子的生活自理能力非常差，从而给他以后工作和成家立业带来很多麻烦。父母可以在平常的生活中有意识地让孩子做些家务，培养孩子做事有条理、生活有秩序的意识。比如要把洗好的衣服叠得整整齐齐放在衣柜固定的位置，这样做，一是防止乱扔把衣服弄脏弄皱，二是下次穿的时候能方便找到。房间要收拾得整洁干净，房间里和书桌上的东西要放得井井有条，书架上的书可以按辅导用书、小说、散文等不同的主题分成几排，用过的东西一定要放回原位。晚上睡觉前，要整理好书包，准备好第二天穿的衣裤、袜子等。所有这些，都可以培养起孩子良好的生活习惯，帮助他们做到有条不紊。做事凌乱、没有条理的人，至少在办事效率上要差很多，而且往往给人一种不那么踏实可靠的感觉。做事条理清晰，不仅可以提高做事的效率，更给人一种重视秩序、踏实稳妥、值得信赖的印象。养成整洁、有序的习惯对每个孩子的成长都是有帮助的。

书法是中国传统文化的重要组成部分，是中国文化艺术的独特表现，被誉为无言的诗，无形的舞，无图的画，无声的乐。现代学书法的孩子越来越多了，这是好事。学习书法可以提高孩子的审美能力和动手能力，还可以培养孩子的情操，修身养性。正所谓"静以修身，俭以养德"，学书法能使人静下心来，培养人的专心、细心、耐心和毅力等优秀品质。许多家长觉得孩子很调皮，爱动爱闹，根本静不下来，不利于文化课程学习。学习书法能提高专注力，因为学习书法需要脑、眼、手全身心投入，从而养成专心致志的学习习惯。

练习书法，在准备好文房四宝——笔、墨、纸、砚后，先要磨墨。磨墨时轻重快慢要适中，姿势要端正，持墨要垂直平正，要在砚上垂直地打圈儿，不要斜磨或直推，更不能随意乱磨。磨墨时用力过轻或过重，太急或太缓，墨汁都不会理想，从而影响书法的质量。磨墨可以让一个人的心绪更为专注而且渐趋宁静。墨没磨好，就表明你心有旁骛，不够专心，所以古人就从磨墨的功夫当中来训练孩子的耐心和专心。

常言道"字如其人"，颇有几分道理。一个人写字不认真，把字写得乱七八糟、横七竖八，说明他的心思没有专注在写字上。同时也反映出他做事情不认真、没规矩、心浮气躁。字的好坏，往往是一个人内在修养的一种外在表现。唐代著名书法家柳公权以楷书著称，与颜真卿齐名，人称"颜柳"，与欧阳询、颜真卿、赵孟頫并称"楷书四大家"。他自创独树一帜的"柳体"，以骨力劲健见长，后世有"颜筋柳骨"的美誉。柳公权的字颇具风骨，可谓是"字如其人"的一个很好的注解。《旧唐书》记载，唐穆宗荒淫，治国乖僻，怠于朝政，不大愿意管事，但是他对书法很有兴趣。一次他问柳公权如何将书法写好，柳公权说："用笔在心，心正则笔正。"柳公权是在告诉皇帝，写字要"用心"，而只有"心正"，才能"笔正"，才能写出好字来。难怪当时唐穆宗变了脸色，因为他知道柳公权是在进行"笔谏"。所以古人的读书方法也好，写字方法也好，归根到底是修身养性的方法。

　　现在的社会生活节奏越来越快，人心普遍比较浮躁，很多孩子在生活或学习上容易犯马虎的毛病，缺少耐心和毅力。培养认真严谨的作风，对一个人性格和道德情操十分重要。

五

【原文】列典籍，有定处，读看毕，还原处。

虽有急，卷束齐，有缺损，就补之。

【译文】书籍应分类排列整齐，放在固定的位置，读诵完毕须归还原处。即使有急事，也要把书本收好再离开，书本有缺损就要修补，保持完整。

一个人能管理好自己是非常重要的。在中国的很多家庭中，孩子往往是在过分的关爱中长大的。如生活上，衣服脏了，大人来洗，东西乱扔了，大人来收拾；读书时，书包是家长整理的，铅笔是家长削的，连看过之后随手乱扔的书本也是大人跟在后面整理的。这样的孩子往往会形成一种依赖心理，一旦离开父母就无法生活了。过分溺爱孩子，其实在一定程度上是剥夺了孩子学习生活的机会，严重的会导致孩子能力上的缺陷。做父母的，可以适当放手让孩子去做一些力所能及的事，如衣服脏了自己洗，被子自己叠，地板脏了自己打扫，书房自己整理，用过的东西、看过的书要记得动物归原等。这样就能慢慢培养起孩子自己的事情自己做、自己的东西自己管、自己的生活自己安排的自我管理的习惯，增强孩子的独立性和自我管理能力，这对于孩子的成长无疑是十分有益的。一个做事善于规划、有条不紊的人，总是比那些做事盲目无序、乱七八糟的人更容易得到社会的认同和接纳。

除了学会书籍的整理外，我们还要从小养成爱护书籍的好习惯。在古代，由于受物质条件的限制，读书是件非常不容易的事。因为在造纸术发明以及纸张普及之前，书得用手抄写在竹简或者木牍上，一片竹简、木牍写不了多少字。相传，秦朝的宰相李斯写了一篇奏章给皇帝，要两个身强力壮的武士才能抬上朝去。由于一篇文章要用很多片竹简，所以几部书就要装满好几辆车子，"学富五车"就是用来形容人读书多、学问大。还有个成语叫"韦编三绝"，是比喻读书勤奋用功的。韦是皮带子，竹简、木牍用皮带子按次序编连起来才最后成书。孔子念书很用功，花了很多的时间和精力，反反复复把《周易》读了许多遍，把串连竹简的牛皮带子也给磨断了几次。可见在当时，书是十分贵重的东西，不是普通人能够读得起的。也正由于书的贵重，所以古人读书，是很郑重其事的。读书之前要沐浴焚香，清心敛欲，拿书前，务必洗手，清洁桌案。沐浴焚香，除了以示虔诚之外，恐怕还有保持书籍洁净的用意。我们现在读书，当然一般也不会去焚香了，但去拿书前洗一下手还是有必要的，那样可以避免手上的油渍、尘垢弄脏了书籍。

宋代费衮的《梁溪漫志》记载，司马光独乐园中的读书堂中，藏有文史类书籍一万多卷。其中司马光每天早晨、傍晚阅读的书，即使读了几十年，看上去都新得像是从没用手触摸过一样。司马光曾经对他的儿子公休说："商人们爱收藏钱财货物，儒家所收藏的，只是这些书了，应当知道要珍爱它们。我每年在初伏到重阳期间，遇到天气晴朗的日子，就在那天设下几案，将那些书斜放在上面，晒穿订书的线。所以虽然时间很长，书还是没有损坏。说到打开看书，必然先把几案打扫干净，用褥子铺垫在书下面，然后端坐好才看书。有时候需要边走边看，那就把书放在方的木板上，从来不敢直接用手捧着书，这不只是担心手汗浸到书页上去，也担心碰到穿订书的线。每看完一页，就用右手大拇指的侧面贴着书页的边沿，再用食指与拇指相配合捻起书页，这样翻过一页，可以不把纸弄烂。我常看到你们翻书时直接用手指撮起书页，这很不合我的意思。现在佛教徒和道教徒仍知道珍爱他们的经书，我们儒家怎么能反而不如他们呢？要记住我的话。"

无独有偶，有一篇《鲁迅爱书的故事》，其中写道：

鲁迅先生的全部生活内容里，书籍占着重要的地位，他被人称为"爱书如命"的人。

幼年时期的鲁迅，看书以前，总要先把手洗干净了，然后才捧书阅读，避免把书弄脏。成年以后，鲁迅一直把读书、买书、借书、抄书、修书，作为自己一种极大的乐趣和事业。对稀有的好书，他还亲自动手翻印，装订成册。

在鲁迅博物馆里，陈列着一盒修书的工具，那是一些简单的画线仪器，几根钢针，一团丝线，几块砂纸，以及两块磨书用的石头。鲁迅就是用这些极其平常的东西，使得他珍藏的一万多册图书历久常新，没有一册出现污损、破散的情况。

鲁迅先生一向乐意把书借给别人看，特别是青年学生。但是，归还时，如果书面上有破边卷角等损坏的情况，那他是不会高兴的。对于那种不爱护书的借阅者，鲁迅宁愿把书送给他，也不忍看到那本被"蹂躏"过的书再转回来。

鲁迅先生常把一些好书主动寄赠给需要的人。每次把书送出去，总是非常仔细地包扎妥帖。这种花在书本上的心力，是为了友人，更是为了书籍。

书籍是人类文明的成果，是思想的传承和文化的积淀。读书可以滋润心灵，开启心智，赋予我们知识与智慧，给人以信念与力量。一个人对书籍的态度，能反映出这个人的基本品德和修养。

六

【原文】非圣书，屏勿视，蔽聪明，坏心志。

勿自暴，勿自弃，圣与贤，可驯致。

【译文】不是传述圣贤言行的著作，以及有害身心健康的不良书刊，都应该被摒弃，不要看，以免身心受到污染，智慧遭受蒙蔽，心智变得不健康。遇到困难或挫折，不要自暴自弃，应该奋发向上，努力学习。圣贤境界虽高，但循序渐进，常人也是可以达到的。

　　人之所以要读书，不外乎有两个原因：一是明理。人的成长就是从无知到智慧的升华过程，同时也是塑造精神与人格修养的过程，是立命之需。二是求知。修学储能，经世致用，是安身之需。读书，不仅能让我们掌握知识，提升智慧，更能滋养心灵，丰富思想，升华人格修养，成就更好的将来。

现代人读书，往往分两种：一种是为职业而读书，读书是为了获取知识，掌握生存的技能，需要用头脑；一种是为生命而读书，读书是为了修身养性，需要用心灵。现在绝大部分孩子读书停留在第一层面，读书有着很强的功利性，那是为了将来考一个好大学，毕业后找一个好工作。读书是为了获得更多更好的生存技能，这没什么不好。而人总不能只是为生存而活着，人之所以为人，是因为人还有着更高的精神层面的追求。正如龙应台在《我为什么读书》中对她的孩子所说的："我要求你读书用功，不是因为我要你跟别人比成就，而是因为，我希望你将来拥有更多选择的权利，选择有意义、有时间的工作，而不是被迫谋生。如果我们不是在跟别人比名比利，而只是在为自己找心灵安适之所在，那么连'平庸'这个词都不太有意义了。'平庸'是跟别人比，心灵的安适是跟自己比。千山万水走到最后，我们最终的负责对象，还是'自己'二字。"读书是为了寻找精神的彼岸，一个能让自己的灵魂和心灵安适的地方，那才是真正的为生命而读书。

当然，并非所有的书都是开卷有益的。有的书开拓我们的视野，增长我们的见识，安抚我们的灵魂，但有的书却对人的精神造成污染，影响身心健康，甚至让人误入歧途。所以我们提倡读经典，多读儒释道各家文化典籍，与先贤圣人神交。因为古圣先贤为我们积累下的丰富的知识财富和精神财富，是我们中华民族心理特征、文化传统、思维模式、行为方式和思想情感等的表征。他们高尚的道德思想、伦理情操、治学风格、创业精神，足以滋养或者启迪我们处理人生面临的各种问题。比如，提倡讲仁爱、重民本、守诚信、崇正义、尚和合、求大同等核心思想理念，特别是"天下兴亡，匹夫有责"的爱国情操和担当意识，"民为邦本，民贵君轻"的民本思想，"崇德向善，见贤思齐"的社会风尚，"孝悌忠信，礼义廉耻"的荣辱观念，"天行健，君子以自强不息；地势坤，君子以厚德载物"的进取和包容精神，"杀身成仁，舍生取义"的奉献精神，"先天下之忧而忧，后天下之乐而乐"的忧患意识，"苟日新，日日新，又日新"的创新与发展精神，"实事求是，知行合一"的实践精神，"大道之行也，天下为公"的大同精神，"己所不欲，勿施于人"的待人之道，吃苦耐劳、勤俭持家、扶危济困、敬业乐群、尊师重教等传统美德，代代相传。所有这些，不仅体现着中国人评判是非曲直的标准，也潜移默化地影响着我们的行为方式和道德修养，对家庭、国家和社会起到了巨大的维系和调节作用。

　　读什么书，真的很重要。我们读经典，就是一种熏陶和靠近，用先贤圣人所创造的最美好精神食粮来滋养我们的心灵，从而塑造具有美好心灵和健全人格的"人"。而一些不健康，涉及黄、赌、毒以及色情、凶杀、暴力的影视作品、文学作品、网络游戏等，容易让那些涉世不深的未成年人心灵受到污染，不仅影响学业，甚至走向犯罪的深渊。根据调查，近年来，社会大众传媒、网络对凶杀、暴力、恐怖、色情等的过分渲染，已经严重腐蚀侵害了孩子的灵魂，给他们的成长造成了极大的影响。科学研究表明，暴力的电脑游戏会让人产生攻击行为的暴力犯罪、不愿帮助他人等负能量。资料显示，95% 的网络游戏充斥着暴力与打斗。随着技术的进步，游戏画面越来越逼真，很多青少年往往会分不清虚拟网络和现实世界，把游戏与生活实际相混淆，一旦在现实生活中遇到类似暴力游戏中的情境时，容易丧失理智，富于攻击性和暴力倾向。对于涉世未深、思想单纯而又尚未形成完整的世界观、人生观、价值观的青少年而言，不良游戏的危害是非常大的。所以，我们尽量让孩子远离这些不健康的东西，在平时生活中要注重对孩子的正确引导，多接触一些经典的书籍，增长见识与学识，汲取人生智慧，滋养心灵，促进自己的精神成长，成为一个真正的人。

著名学者易中天在《我们为何读经典》中写道：

什么是经典？经典就是最有价值、最有意义的著作。中国有句老话叫"取法其上，得乎其中。取法其中，得乎其下"，所以我们读书一定要读最好的书，最好的书就是经典。

世界各民族都产生过一批非常优秀、杰出的思想文化经典，这是全人类宝贵的文化遗产，我们应该知道，应该了解，应该阅读。

但是，大家往往会提出一个问题来，现在社会已经发展到今天了，我们还读那些老古董，有用吗？有！

因为它们关心的问题是永恒的问题，比方说什么是人生，什么是幸福，什么是智慧，什么是永恒……这样的问题永远回答不完。

比如说，先秦诸子中，我们可以从孔子那里读到一颗爱心，构建和谐；在孟子那里读到一股正气，平治天下；在墨子那里读到一腔热血，救助苦难；在韩非那里读到一双冷眼，直面人生；在老子那里读到生活辩证法；在庄子那里读到艺术人生观；在荀子那里读到科学进取心。在孔、孟、墨、韩那里，我读到了人生态度，在老子、庄子、荀子那里我读到了人生智慧。

尽管孔子、墨子、老子、孟子、庄子与苏格拉底、亚里士多德、柏拉图、释迦牟尼等是不同的民族，生活在不同的国家，也没有什么来往，但是他们却惊人地相似。

我认为，第一是对待人、对待人类社会与人类精神文明的理性态度；第二是对人的生存、人的生活、人的幸福的终极关怀。相比当时其他国家的思想家，中国的思想家更注重人与人的关系，尤其是人与人的伦理、道德、政治和艺术的关系，更注重社会的稳定、安定、和谐。

归根结底，我们为什么要读经典？就是因为能从经典中，读人，读人生，读智慧，读社会。

在经济全球化、瞬息万变的信息化时代，潜下心来，多读经典，特别是多读中国的经典，于己于国，都大有裨益。

的确，经典是人类精神文明成果的结晶。历史的车轮一直在滚滚向前，不曾停歇，但不管时代如何变迁，人性是基本不变的。对美丑善恶、是非对错的评价，对亲情、友情、爱情、仁义、善良、信任、忠诚、奉献的赞美，不会随着时代的变化而改变它的标准。社会在变，但规律和本质不会变。不忘来时路，才能找到梦归处。正如《增广贤文》中所说的："观今宜鉴古，无古不成今。"意思是观察今天的事情，应该借鉴过去的历史；如果没有过去，那就没有今天。阅读经典不仅可以让我们变得睿智，而且让我们拥有美好的心灵、深刻的思想和高度的涵养。

国学大师任继愈，1916 年出生在山东一个书香家庭。每天清晨，任继愈的爷爷就会带着他摇头晃脑地大声读着《诗经》《春秋》《论语》等古籍。 一天，任继愈问道："爷爷，我和你一样读《道德经》，但是不知道里面的意思。有时，我似乎理解了一丁点儿，可是一合上书，就什么都不知道了。这样读这些书有什么用呢？"爷爷并没有正面回答他的问题，而是指着院子里装煤的篮子对他说："用这个篮子去河里打一篮子水回来。"任继愈照做了，可是篮子里的水在他到家之前早就漏光了。任继愈一脸迷茫地望着爷爷。老人看看他手里的空篮子，笑着说："你应该跑快一点儿。"说完让任继愈再试了一次。这一次，任继愈尽管跑得很快，但水还是漏完了。任继愈不满地对爷爷说道："用篮子打水是没有用的。""你真的认为一点儿用处都没有吗？但你看看这篮子的变化。"爷爷微笑着说。任继愈看了看篮子，发现原来黑乎乎的篮子变得十分干净了，上面的煤灰不知什么时候已经被洗掉了。爷爷告诉他："这和你读古典书籍一样，你可能只记住了只言片语，其中的意思或许你一点儿也不理解，可是，在你阅读的时候，那些文字以及你朗诵时的气氛会影响你，会净化你的心灵。"

任继愈始终记着这句话，朝学暮习，孜孜不倦，终成一代学术泰斗，成为我国著名的哲学家、佛学家、历史学家。

当然，我们读经典并非一定要成为国学大师或泰斗，也不可能成贤成圣，但读经典可以让我们灵魂更高贵，内心更充盈。古语云："物洗则洁，心洗则清。"一只沾满煤灰的篮子，多洗几遍也就变干净了。人也需要经常洗"心"，多洗几次，内心的"污垢"也就被净化了。读经典的过程就是一个"洗"心的过程，"洗"其心者便可洁其行。"洗"心可以让一个人的心灵更纯净，即使成不了一个高尚、纯粹的人，但至少能成为一个有道德的人，一个脱离了低级趣味的人，一个有益于人民的人。

附

弟子规

总　叙

弟子规　圣人训　首孝弟　次谨信
泛爱众　而亲仁　有余力　则学文

入　则　孝

父母呼　应勿缓　父母命　行勿懒
父母教　须敬听　父母责　须顺承
冬则温　夏则清　晨则省　昏则定
出必告　反必面　居有常　业无变
事虽小　勿擅为　苟擅为　子道亏
物虽小　勿私藏　苟私藏　亲心伤
亲所好　力为具　亲所恶　谨为去
身有伤　贻亲忧　德有伤　贻亲羞
亲爱我　孝何难　亲恶我　孝方贤
亲有过　谏使更　怡吾色　柔吾声

谏不入　悦复谏　号泣随　挞无怨
亲有疾　药先尝　昼夜侍　不离床
丧三年　常悲咽　居处变　酒肉绝
丧尽礼　祭尽诚　事死者　如事生

出　则　弟

兄道友　弟道恭　兄弟睦　孝在中
财物轻　怨何生　言语忍　忿自泯
或饮食　或坐走　长者先　幼者后
长呼人　即代叫　人不在　己即到
称尊长　勿呼名　对尊长　勿见能
路遇长　疾趋揖　长无言　退恭立
骑下马　乘下车　过犹待　百步余
长者立　幼勿坐　长者坐　命乃坐
尊长前　声要低　低不闻　却非宜
进必趋　退必迟　问起对　视勿移
事诸父　如事父　事诸兄　如事兄

谨

朝起早　夜眠迟　老易至　惜此时
晨必盥　兼漱口　便溺回　辄净手
冠必正　纽必结　袜与履　俱紧切

置冠服	有定位	勿乱顿	致污秽
衣贵洁	不贵华	上循分	下称家
对饮食	勿拣择	食适可	勿过则
年方少	勿饮酒	饮酒醉	最为丑
步从容	立端正	揖深圆	拜恭敬
勿践阈	勿跛倚	勿箕踞	勿摇髀
缓揭帘	勿有声	宽转弯	勿触棱
执虚器	如执盈	入虚室	如有人
事勿忙	忙多错	勿畏难	勿轻略
斗闹场	绝勿近	邪僻事	绝勿问
将入门	问孰存	将上堂	声必扬
人问谁	对以名	吾与我	不分明
用人物	须明求	倘不问	即为偷
借人物	及时还	人借物	有勿悭

信

凡出言	信为先	诈与妄	奚可焉
话说多	不如少	惟其是	勿佞巧
刻薄语	秽污词	市井气	切戒之
见未真	勿轻言	知未的	勿轻传
事非宜	勿轻诺	苟轻诺	进退错
凡道字	重且舒	勿急疾	勿模糊
彼说长	此说短	不关己	莫闲管

见人善　即思齐　纵去远　以渐跻
见人恶　即内省　有则改　无加警
惟德学　惟才艺　不如人　当自励
若衣服　若饮食　不如人　勿生戚
闻过怒　闻誉乐　损友来　益友却
闻誉恐　闻过欣　直谅士　渐相亲
无心非　名为错　有心非　名为恶
过能改　归于无　倘掩饰　增一辜

泛　爱　众

凡是人　皆须爱　天同覆　地同载
行高者　名自高　人所重　非貌高
才大者　望自大　人所服　非言大
己有能　勿自私　人有能　勿轻訾
勿谄富　勿骄贫　勿厌故　勿喜新
人不闲　勿事搅　人不安　勿话扰
人有短　切莫揭　人有私　切莫说
道人善　即是善　人知之　愈思勉
扬人恶　即是恶　疾之甚　祸且作
善相劝　德皆建　过不规　道两亏
凡取与　贵分晓　与宜多　取宜少
将加人　先问己　己不欲　即速已
恩欲报　怨欲忘　报怨短　报恩长

待婢仆　身贵端　虽贵端　慈而宽
势服人　心不然　理服人　方无言

亲　仁

同是人　类不齐　流俗众　仁者稀
果仁者　人多畏　言不讳　色不媚
能亲仁　无限好　德日进　过日少
不亲仁　无限害　小人进　百事坏

余　力　学　文

不力行　但学文　长浮华　成何人
但力行　不学文　任己见　昧理真
读书法　有三到　心眼口　信皆要
方读此　勿慕彼　此未终　彼勿起
宽为限　紧用功　工夫到　滞塞通
心有疑　随札记　就人问　求确义
房室清　墙壁净　几案洁　笔砚正
墨磨偏　心不端　字不敬　心先病
列典籍　有定处　读看毕　还原处
虽有急　卷束齐　有缺损　就补之
非圣书　屏勿视　蔽聪明　坏心志
勿自暴　勿自弃　圣与贤　可驯致